통근대학 MBA 3

크리티컬 싱킹(CRITICAL THINKING)

글로벌 태스크포스 지음

STUDY WHILE COMMUTTING

나무한그루

3 TSUUKINN DAIGAKU MBA CRITICAL THINKING
by GLOBAL TASKFORCE K. K.

Copyrigt ©2002 by GLOBAL TASKFORCE K. K. All rights reserved.
Originally Japanese edition published by SOGO HOREI PUBLISHING CO., LTD.
Korean translation rights arranged with SOGO HOREI PUBLISHING CO., LTD.
Korean translation copyright ©2005 by EINBAUM/NAMUHANGURU

이 책의 한국어판 저작권은 나무한그루가 소유합니다. 신 저작권법에 의하여
한국 내에서 보호를 받는 저작물이므로 무단전제와 무단복제를 금합니다.

머리글

■ MBA 크리티컬 싱킹을 배우는 이유는 무엇인가?

〈경영지식을 활용하기 위한 소프트 기술〉

이 책에서 다루는 주제인 '크리티컬 싱킹'이란 사물에 대해서 '사고하는 방법', '종합하는 방법'을 말하는 것으로 의사결정 방법의 중요한 토대가 된다. MBA과정의 대표적인 필수과목인 '마케팅', '회계', '재무', '사람과 조직', '경영전략' 등의 지식을 '하드 기술'이라고 하면, 이러한 지식들을 알기 쉽게 설명하고, 이해해서 현실에 응용하는 문제들은 실천을 위한 '소프트 기술'이라고 할 수 있다.

예를 들어, 지식을 가지고 문제를 이해하고 최선의 답, 즉 해결책을 생각해 냈다고 하자. 그렇지만 여기까지는 필요한 작업의 절반밖에 이르지 않은 것이다. 정말 중요한 것은 그 해결책의 결재권을 가진 사람을 이해시키고 납득시켜서 실행할 수 있도록 승인을 받는 것이다. 자기 자신만 이해하고 있는 것은 탁상공론에 불과하다. 실제 비즈니스 세계에서는 최고의 답을 발견하는 것 보다 그 답을 실제로 실행할 수 있도록 조직의 OK사인을 받는 것이 훨씬

더 어려운 경우가 많다.

■이 책의 목적과 대상자

 이 책은 넓은 세계 어디에서든 통용되는 살아 있는 비즈니스 법칙과 이론을 익혀 자신의 시장가치를 높이고자 하는 비즈니스맨을 위한 것이다. 현실적으로 일에 대한 의욕이 넘치는 사람일수록 늘 시간에 쫓기기 때문에 통근시간이 유일한 자유시간인 경우가 많다. 하지만 출퇴근하는 전철이나 버스 안에서 읽을 수 있는 적당한 크기의 유용한 비즈니스 서적은 그다지 많지 않다. 그래서 자신을 좀더 발전시키고 싶지만 공부할 시간이 부족한 비즈니스맨을 위해 통근시간 등을 이용해 읽을 수 있고, 내용도 충실한 소형 비즈니스 서적을 출간하게 되었다. 이 책은 지금까지 두꺼운 비즈니스 서적을 사 놓고 시간이 없어서 1장도 채 읽지 못하고 책장에 그냥 넣어 둔 사람이라도 통근시간, 대기시간 등 자투리 시간을 이용해서 읽을 수 있도록 알기 쉽게 그리고 핵심만을 요약하여 정리했다.

 이 책을 통해 독자는 생각하고, 정리하고, 의사결정을 하는데 매일 활용할 수 있는 중요한 개념인 크리티컬 싱킹에 대해서 사례 연구를 통하여 체계적으로 이해할 수 있을 것이다.

■ 이 책의 구성

이 책은 제1부 '논리의 기초', 제2부 '논리의 정리', 제3부 '결과(output)의 활용'의 3부로 구성되어 있다.

제1부 '논리의 기초(1~4)'에서는 크리티컬 싱킹, 즉 비판적, 논리적으로 사물을 생각하는 논리법에 대해서 개략적으로 파악할 수 있도록 기본적인 원칙과 사례를 설명한다.

제2부 '논리의 정리(5~6)'에서는 제1부에서 살펴 본 기본적인 사고법을 더욱 세련되고 보다 효율적으로 정리할 수 있는 중요한 개념과 구체적인 프레임 워크에 대해 생각해 본다.

제3부 '결과의 활용(7~8)'에서는 이제까지 제1부 '논리의 기초'에서 다루었던 기본적인 논리전개 방법과 사고법, 그리고 제2부 '논리의 정리'에서 살펴 본 MECE를 활용한 사물의 정리방법과 경영적 프레임 워크를 종합해 보고, 최종적인 결과를 활용하기 위한 방법론을 배운다.

통근대학 MBA시리즈의 다른 책들과 마찬가지로 여러분이 내용을 이해하기 쉽도록 하나의 주제를 2페이지 안에 담아 한눈에 들어오도록 정리했다. 따라서 어느 장부터 시작하더라도 이해할 수 있도록 구성되어 있다. 하지만 MBA를 배우는 가장 중요한 의의가 '체계적으로 이해'하는데 있으므로 순차적으로 공부한다면 최대한의 학습효과를 올릴 수 있을 것이다.

통근대학 MBA 3

크리티컬 싱킹
(CRITICAL THINKING)

■목차■

머리글

제1부_논리의 기초

1. 크리티컬 싱킹이란

1-1 크리티컬 싱킹이란? ····· 16
사례① 크리티컬 싱킹의 사례 ····· 18
1-2 크리티컬 싱킹으로 어떤 것이 가능한가? ····· 20
1-3 상대방에게 전하는 메시지란? ····· 22

2. 제로 베이스 사고

2-1 제로 베이스 사고란? ····· 24
사례② 업무상의 제로 베이스 사고 Part1 ····· 26
사례③ 업무상의 제로 베이스 사고 Part2 ····· 28
2-2 기존의 틀을 제거하는 방법 ····· 30
사례④ 기존의 틀에 얽매인 상태를 이해한다 ····· 32
사례⑤ 기존의 틀을 제거한 사례 ····· 34
2-3 사용자의 가치와 제로 베이스 사고 ····· 36

사례⑥ 역발상으로 사고한다 ················· 38

사례⑦ 새로운 발상 ························· 40

사례⑧ 사용자측의 발상 ······················ 42

3. 논리전개의 두 가지 방법 〈연역법과 귀납법〉

3-1 논리성 체크리스트 ······················ 44

3-2 논리전개의 두 가지 방법 ················ 46

사례⑨ 논리전개상 전제(rule)의 중요성 ········· 48

3-3 연역적인 논리전개 ······················ 50

사례⑩ 연역법의 유의사항 ···················· 52

3-4 귀납적인 논리전개 ······················ 54

사례⑪ 귀납법의 유의사항 ···················· 56

3-5 복합적인 논리전개 ······················ 58

4. 기타 비판적 사고에 적합한 고려사항

4-1 원인규명의 필요성① 〈'왜'를 반복하는 작업의 중요성〉 ··· 60

4-2 원인규명의 필요성② 〈실패에서 배운다〉 ············ 62

4-3 인과관계에 주의한다 ···················· 64

사례⑫ 인과관계의 유의사항 Part1

〈직감이나 믿음에 따른 경솔한 판단의 오류〉 ·········· 66

사례⑬ 인과관계의 유의사항 Part 2

　　〈변명 때문에 인과관계를 볼 수 없게 된다〉 ············ 68

사례⑭ 인과관계의 유의사항 Part 3 ····················· 70

사례⑮ 인과관계의 유의사항 Part 4 ····················· 72

4-4 가설 사고 ····················· 74

제2부 논리의 정리

5. MECE 〈누락없이 중복없이〉

5-1 MECE란? ····················· 80

5-2 누락은 있고 중복은 없다 ····················· 82

5-3 누락은 없고 중복은 있다 ····················· 84

5-4 누락도 있고 중복도 있다 ····················· 86

5-5 누락도 없고 중복도 없다 (MECE) ····················· 88

5-6 그룹나누기 〈MECE를 활용한 정보의 정리〉 ············ 90

5-7 MECE 다음은 각 항목의 우선 순위 부여 ············ 92

사례⑯ 그룹나누기의 활용 사례 〈데이터 마이닝〉 ············ 94

6. 프레임 워크 사고

6-1 프레임 워크 사고 ····················· 96

6-2 3C ··· 98

6-3 가치사슬(Value Chain) ······················ 100

6-4 마케팅의 4P ····································· 102

6-5 사업 포트폴리오 ······························· 104

6-6 업계분석 'Five forces analysis' ············ 106

6-7 포터의 세 가지 기본 전략 ···················· 108

6-8 SWOT분석·· 110

6-9 7S ··· 112

6-10 밸런스 스코어 카드(BSC) ···················· 114

6-11 효율과 효과 ····································· 116

6-12 질과 양 ··· 118

6-13 사실과 가치 ····································· 120

6-14 장점과 단점 ····································· 122

6-15 시간축① 〈단기, 중기, 장기〉················ 124

6-16 시간축② 〈과거, 현재, 미래〉················· 126

제3부 결과(OUTPUT)의 활용

7. 로직 트리

7-1 원인규명의 로직 트리 ························· 132

사례⑰ 원인규명의 로직 트리 사례 ················· 134

7-2 문제 해결의 로직 트리 ················· 136

사례⑱ 문제 해결의 로직 트리 사례 ················· 138

8. 피라미드 구조

8-1 피라미드 구조란? ················· 140

8-2 문장의 비교

〈피라미드 구조의 문장과 그렇지 않은 문장〉 ················· 142

8-3 피라미드 구조의 세부 내용①

〈주요 포인트와 보조 포인트 간의 수직적 관계〉 ················· 144

8-4 피라미드 구조의 세부 내용②

〈보조 포인트 간의 수평적 관계〉 ················· 146

8-5 피라미드 구조의 세부 내용③

〈도입부의 스토리 전개〉 ················· 148

8-6 피라미드 구조를 만드는 방법 ················· 150

참고문헌

제 1 부
논리의 기초

제1부 '논리의 기초'에서는 크리티컬 싱킹, 즉 비판적이고 논리적으로 사물을 생각하는 사고법에 대해서 개략적으로 파악할 수 있도록 기본적인 원칙과 사례를 설명한다.

1. '크리티컬 싱킹이란'에서는 우선 비판적이고 논리적으로 사물을 생각하는 사고법에 대한 정의와 일상 업무 속에서의 연관성을 설명한다.

2. '제로 베이스 사고'에서는 일상의 세계 속에서 기존의 틀이나 과거의 경험에 얽매이지 않고 냉철한 판단을 내릴 수 있는 근본적인 사고의 프로세스를 살펴본다.

3. '논리전개의 두 가지 방법'에서는 논리를 전개해 나가는 데 있어서 기본이 되는 연역법과 귀납법에 대해서 배우고, 설득력 있는 설명이란 무엇인가를 확인해 본다.

4. '기타 비판적 사고에 적합한 고려사항'에서는 논리적인 사고의 깊이를 더하고, 최선의 문제해결책을 얻기 위해 필요한 문제규명의 프로세스, 즉 '왜?'를 반복하는 작업의 중요성과 사물의 인과관계 그리고 가설사고 등을 통해서 1~3까지 살펴본 내용 이외에 일상생활을 통해서 우리들이 비판적으로 생각해야 하는 것에 대해서 배우기로 한다.

1. 크리티컬 싱킹이란

1-1 크리티컬 싱킹이란?

【 "비판적(Critical)"으로 생각하는 것 】

이 책에서는 크리티컬 싱킹을 '사물을 객관적이고 논리적으로 생각하여, 그것을 상대방에게 알기 쉽게 전달하기 위한 사고방법'으로 정의하고 있다. 다시 말하면 사실이나 정보에 기초하여 자신의 머리 속에서 논리적으로 추론하여 결론을 이끌어내는 사고법을 말한다.

실제로 우리들은 눈앞에 보이는 문제만을 생각하는 경향이 있다. 비판적으로 사물을 생각한다는 것은 자신의 생각을 항상 비평하면서 사물을 보다 깊게 사고하는 것을 의미한다.

【 MBA와 크리티컬 싱킹 】

대부분의 비즈니스 스쿨에서는 '크리티컬 싱킹' 이라는 과목이 존재하지는 않는다. 그러나 경영 전략론이나 전략 의사결정론 등에 그 이론과 분석이 나올 뿐만 아니라, MBA 입학 전에 자격을 검증하는 언어와 계수분석의 필수

GMAT의 구성	
섹션	내용
Verbal (언어능력)	Reading Comprehension(독해력)
	Sentence Correction(문법)
	Critical Reasoning(비판적·논리적 사고)
Quantitative (수학능력)	Problem Solving 1(문제해결능력 1)
	Problem Solving 2(문제해결능력 2)
	Data Sufficiency(정보처리능력)
Analytical Writing Assessment (작문능력)	Analysis of an Issue(과제의 분석)
	Analysis of an Argument(논의의 분석)

시험인 GMAT(Graduate Management Admission Test)에서 논증문제(Reasoning)와 문제해결(Problem Solving) 항목에서 반드시 볼 수 있을 정도로 중요한 기초 항목이다.

경영의 현장에서도 프레젠테이션, 회의, 보고서의 제출 등 상대방에게 논리적이고 이해하기 쉽게 자신의 의견을 전달하는 일은 원활한 의사소통의 첫걸음이 된다.

사례 ① 크리티컬 싱킹의 사례

'GTF 매니지먼트 리뷰의 조사에 의하면, 독자의 약 80%가 경영컨설팅의 효과에 대해 회의적이라고 한다. 독자는 거의 100% 결재권을 가진 경영층으로 되어 있다. 따라서 대부분의 경영자는 경영컨설팅을 지지하지 않고 있다.'

일반적으로 주장은 ①결론 ②근거 ③전제 의 세 부분으로 이루어져 있다.

그러나 이 문장에서는 'GTF 매니지먼트 리뷰의 조사가 일반적인 경영자의 의견을 대표하고 있다'는 전제가 언급되어 있지 않다. 이러한 전제 없이 '대부분의 경영자가 경영컨설팅을 지지하지 않는다'라고 추측하기는 어렵다.

그러면 앞의 문장의 결론을 다소 바꾸고, 전제를 추가한 다음의 예는 어떤가?

'일반적인 경영자의 의견을 대표하는 GTF 매니지먼트 리뷰의 조사에 의하면, 독자의 약 80%가 경영컨설팅의 효과에 회의적이라고 한다. 독자는 거의 100% 결재권을 가진 경영층으로 되어있다. 따라서 대부분의 경영자는 경영컨설팅을 이용하지 않는다.'

크리티컬 싱킹의 사례

결론	대부분의 경영자는 경영컨설팅을 지지하지 않는다
근거	GTF 매니지먼트 리뷰의 독자의 약 80%가 경영컨설팅에 회의적
전제	GTF 매니지먼트 리뷰의 독자층은 거의 100% 결재권을 가진 경영층

결여된 전제	「GTF 매니지먼트 리뷰의 조사가 일반적인 경영자의 의견을 대표한다」고 하는 것

 이 문장에서는 전제가 있기 때문에 대부분의 경영자가 경영컨설팅에 회의적이고 지지하지 않고 있다는 논리가 가능하다. 다만, '회의적이고 지지하지 않는다'고 하는 것과 실제로 '이용하지 않는다'라는 것은 이야기가 다르므로 논리가 다소 결여되어 있다. 이처럼 언뜻 보기에 추측이 가능하고 올바른 것 같은 사항이라도 논리가 통하지 않는 논의는 우리들 주변에 많이 있어서 의사결정을 현혹시키는 원인이 된다.

1-2 크리티컬 싱킹으로 어떤 것이 가능한가?

 우리들의 일상생활 속에서 비판적으로 사고하는 것이 가능해진다면 다음과 같은 좋은 점을 누릴 수가 있다.
【듣는 사람이 이해하기 쉽게 된다】
 조리 있고 논리 정연한 이야기 전개와 근거자료의 제시로 고객이나 상사 등, 듣는 사람들이 이해하기가 쉬워져 효율적인 커뮤니케이션이 가능하게 된다.
【설득력이 높아진다】
 앞서 말한 대로 듣는 사람에게 논리적으로 내용을 알기 쉽게 전달하기 때문에 같은 내용을 말하더라도 설득력이 높아져서 자신의 의견을 쉽게 납득시킬 수 있다.
【상대방의 의견을 완전히 이해할 수 있다】
 자신이 듣는 입장이 되는 경우, 상대방이 말하는 것을 정확히 이해하고 자신의 생각과 무엇이 다른지, 또 어떤 점이 어느정도 다른지 이해할 수 있다.
【의사결정의 신뢰성이 높아진다】
 논리적으로 생각하고 깊이 파고들어서 얻어진 결론은 종래에 생각해 낸 결론과 달리 신뢰성이 있다. 이런 결론에 기초해서 행동하게 되면 성공확률이 높아지고 리스크

크리티컬 싱킹으로 어떤 것이 가능한가?

❶ 듣는 사람이 이해하기 쉽게 된다

❷ 설득력이 높아진다

❸ 상대방의 의견을 완전히 이해할 수 있다

❹ 의사결정의 신뢰성이 높아진다

❺ 회의에서 깊은 논의가 전개된다

가 경감된다.

【회의에서 깊은 논의가 전개된다】

　회의 참가자들이 제기된 과제에 대해서 논지를 주고 받으며 생각을 교환할 수 있어 효율적인 회의가 가능하고, 또 심도 있고 논리적인 사고의 교환이 가능해져 보다 깊이 있는 논의전개가 가능해진다.

1-3 상대방에게 전하는 메시지란?

누군가의 이야기를 들으면서 '이 사람이 하는 말은 참 이해하기 어렵다'고 생각하는 경우는 흔히 있는 일이다. 나 자신은 동료나 상사, 고객들에게 메시지를 이해하기 쉽게 전하고 있는 것일까? 무엇보다 중요한 것은 '상대방에게 전하는 메시지'가 무엇인가를 인식하는 것이다.

커뮤니케이션 상대방에게 전달해야 하는 메시지는 ①과제(테마) ②답변 ③상대방에게 기대하는 반응 등 세 가지 요건을 만족시켜야 한다. 따라서 실제로 대화하기 전에, 혹은 문서작성 전에 다음과 같은 두 가지의 확인작업이 필요하다.

【과제(테마)의 확인】

우선, 상대방에게 전해야 하는 과제가 무엇인가를 확인해야 한다. 사고를 계속하게 되면 다양한 문제점이 나타나기도 하고, 당초의 과제에서 벗어나 버리고 그 해답도 주제에서 벗어나 버리는 경우가 상당히 빈번하게 발생한다.

【상대방에게 기대하는 반응의 확인】

다음으로 회의나 상담 등의 경우에 상대방에게 메시지를 전해서 어떤 반응을 기대하고 있는가를 확인해야 한다.

이것이 커뮤니케이션의 목적이라고 할 수 있다. 상대방에게 기대하는 반응에는 ①이해 ②의견이나 조언의 피드백 ③행동의 유발 등 세 가지가 있다. 이 세 가지 중에 어떤 반응을 기대하고 있는가를 명확히 하고, 답변의 초점을 좁혀 나가야 한다.

2. 제로 베이스 사고

2-1 제로 베이스 사고란?

과거의 성공체험이나 자사, 자부문의 상식에 얽매여서 그 경험이나 상식에 기초한 사고만을 행하는 경우, 그 틀 밖에 있는 해결책을 간과해 버리는 경우가 있다.

제로 베이스 사고란 이러한 자신들의 상식이나 기존 관념을 일단 다 지워버리고 백지상태에서 사고의 틀을 최대한 넓혀서 새로운 가능성을 찾는 사고 방법이다.

지금의 경제상황은 변혁기를 맞이하고 있어 우리를 둘러싼 환경도 급격한 속도로 변화하고 있다. 이러한 격변기에 한가하게 과거의 틀에 안주하고 있는 것은 새로운 성장을 기대할 수 없다. 기존 관념이나 상식에 얽매여 깊이 사고하지 않고 반사적으로 해답을 찾는다면 대단히 위험한 일이다. 기존의 틀 내에서만 생각하는 사람은 부정적인 사고를 하게 되고, 논리적인 사고가 불가능하다. '새로 식품 사업부를 시작해서 회사의 주축사업으로 만들자' → '전례가 없어서 안된다', '매출이 떨어진다' → '영업사원의 의욕이 부족하다. 더욱 분발 시켜라', '업무효율이 나쁘

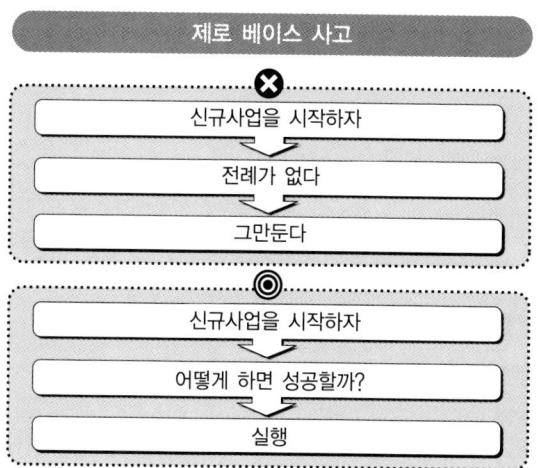

다' → 'IT화가 부족하다' 등과 같은 대화를 보면 논리가 완전히 빠져 있다. 매출액이 떨어지는 이유가 왜 영업사원의 탓인가 하는 설명이 전혀 없다. 단순히 문제에 반사적으로 답변하고 있는 것이다. 이것은 원인을 규명해서 구체적인 해결책을 생각하기 보다는 '이제까지도 그랬으니까'라는 기존의 틀에서 해답을 찾기 때문이다. 이와 같은 기존의 틀을 지워버리고 원인을 넓고 깊게 생각해야 새로운 해결책을 끌어낼 가능성이 높아진다.

사례 ② 업무상의 제로 베이스 사고 Part 1

 대학에서 경제학을 전공하고 전기회사에 취직하여 7년간 법인영업을 경험한 A씨는 28세 되던 해에 외자계의 대형 컨설팅회사로 전직을 하였다. 전기회사에서는 엘리트 사원으로서 국내외의 영업에서 대단한 활약을 하였지만, 컨설팅회사에서 담당하게 된 첫 프로젝트에서 방대한 양의 데이터를 3일 동안에 분석하라는 업무를 부여 받자 상사에게 담당교체를 요청하였다. 이 때 A씨의 머리 속에는 어떠한 논리가 전개되고 있었는지 살펴보자.

■ 작업량이 많다 → 무리

 A씨의 경우는 아마 전기회사에 있을 때의 업무 방식과 속도, 그리고 작업 종류의 차이 등을 생각한 후 '무리'라는 결과를 끌어냈을 것이다. 그러나 이 경우에 '왜 무리인가?'라고 하는 질문에 구체적이고 논리적으로 사고를 전개하지 않았다.

 예를 들어 그것이 전 직장에서 가장 바빴을 때의 업무에 약 3배의 작업량이라고 하더라도 '세 배의 속도로 그 일을 완결시키려면 어떻게 해야 하나?', '만일 모든 것을 상

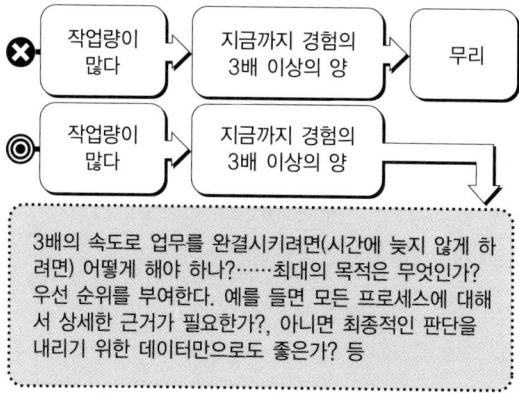

세하게 조사하고 완벽하게 하는 것이 곤란하다면 어떻게 시간 사용에 우선 순위를 부여하여 작업해야 할까?', '그 업무 중에서 가장 중요한 점은 어느 것인가, 반대로 어느 부분은 시간을 전혀 들이지 않고 분석에 대한 근거자료로 참조만 해도 좋을 것인가?' 등과 같이 보다 현실적이고 본질적인 사고를 염두에 두어야 한다. 이러한 논리적인 사고를 실시하기 위한 필수조건이 바로 제로 베이스 사고이다. 과거의 경험이나 선입관에 사로잡혀서는 냉정한 판단이나 행동을 할 수 없는 것이다.

사례 ③ 업무상의 제로 베이스 사고 Part 2

그룹 재편이나 경영통합을 포함한 M&A(합병,매수)가 빈번해지는 와중에, 대형 정보통신업체에서 법인영업부장을 맡고 있는 B씨의 회사도 외국자본이 최대주주로서 자본참여를 하고, 조금씩 서구의 경영스타일이 전개되기 시작했다. 외자계 기업에서 과반수 이상의 임원이 파견되었고, 경영 목표도 '거래처를 줄여서 30%의 경비 삭감을 실시'하라는 명확한 재무 목표가 설정되었다.

법인영업부장으로서 B씨는 인간적인 면과 커뮤니케이션 능력 등 발군의 조정능력으로 지금까지 많은 법인고객과 우량거래처를 발굴해왔으나, '거래처의 조정으로 30%의 경비 삭감'이라는 지시에 크게 고민하였다.

최종적으로 B씨는 가장 오래된 업체로서 30년간 신세를 진 거래선을 선택하였다. '창업할 때 도움을 받았고, 시간적으로 불가능한 경우에도 휴일을 반납하여 납기를 맞추도록 배려해 준다'는 것이 이유였다.

그러나 임원회의에서는 아주 단순한 이유로 그의 선택이 부결되었다. 창업할 때에 도움을 받았다던가 30년간 신세를 지고 있다는 것은 거래처를 선택하는 것과 전혀 관

업무상의 제로 베이스 사고 Part2

목적/거래처의 선별

조건: 경쟁우위가 있는 곳 (보다 양질의, 보다 저렴한)

❌ 창업할 때에 도움을 받은 회사, 30년 신세를 지고 있는 회사

◎ 경쟁우위가 있는 회사 (보다 양질의, 저렴한 상품을 제공할 수 있는 회사)

계가 없다는 것이다. 중요한 논점은 한 가지, '그 거래처가 다른 회사와 비교하여 구체적으로 어떤 우위성을 가지고 자사에 대해 어느 정도의 공헌을 하고 있는가' 하는 점이다. 당연히 '보다 저렴한 가격에 좋은 품질로, 무리한 발주에도 대응 가능한 회사'는 다른 데도 있을지 모르는 일이다.

2-2 기존의 틀을 제거하는 방법

 그러면 기존의 틀에서 어떻게 벗어나면 좋은가 알아보자. 사람은 각각 자신의 사고회로를 가지고 그 필터를 통해서 생각한다. 그 사고회로는 지금까지의 경험이나 주변 환경으로부터 영향을 받아 형성되는 것이다. 따라서 이것이 비판적으로 생각하는 것을 방해한다. 어떤 조직에 장기간 소속되어 있거나 언제나 동일한 사고방식을 가지는 사람들과 함께 있는 시간이 긴 사람은 개성적인 사물을 보는 관점이나 조직업계의 규칙에 완전히 잠겨버리는 경우가 많다.

 그러나 가장 중요한 문제는 자기 자신은 '그 편견이나 선입관에 대해 자각증상이 없다'는 것이다. 자기도 모르는 사이에 그런 틀에 얽매여 사고를 해 버리는 것이다. 이러한 틀을 제거하기 위해서는 의식적으로 다음과 같은 행동을 해야 한다.

 우선, 업계의 상식에 의문을 가져 보아야 한다. '이 분야는 규모의 경제가 작용하는 업계이다' → '우리 회사처럼 작은 회사가 참여할 분야는 아니다'라고 생각하는 것이 아니라 규모의 경제가 작용한다는 상식에 의문을 품고 일

기존의 틀을 제거

비판적인 사고를 저해하는 환경

❶ 어떤 조직에 장기간 소속되어 있다

❷ 동일한 사고를 가진 사람들과 함께 있는 시간이 길다

❸ 규제가 엄격한 업계 내에 있다 (건설, 은행, 의료, 변호사, 세무사 등)

⬇

문제=편견이나 선입관에 대해 자각증상이 없는 것

단 상식을 배제한 채 새로운 가능성을 생각할 수 있다. 예를 들면 '업계 대형사 A와 업무제휴를 하여 진입이 가능한가?' 생각해 볼 수 있다.

또한 자신이 소속된 부문이나 자신의 입장(역할)을 한 번 잊어버리고 회사 내에 만연되어 있는 암묵적인 규칙이나 관습에서 벗어난 일을 실천해 본다.

그래서 자신의 성공체험을 바탕으로 언제나 그 방식을 답습하는 것을 의식적으로 억제하는 마음가짐이 필요하다.

사례 ④ 기존의 틀에 얽매인 상태를 이해한다

 전술한 두 가지의 사례(A씨와 B씨의 사례)는 실제 업무상의 사례이지만, 다음과 같이 보다 간단한 예를 살펴보면 왜 '기존의 틀'에 사로잡히는 일이 위험한 가를 이해할 수 있을 것이다.

 외국에서 생활하다가 돌아온 어떤 학생이 패스트푸드점에서 아르바이트를 시작했다. 여기에서는 모든 것이 매뉴얼로 갖추어져 있어서, 손님을 맞이할 때는 반드시 '오래 기다리셨습니다'라는 말로 시작하고, 주문을 받을 때에도 '이 상품은 이쪽의 세트를 주문하시는 것이 득이 됩니다'라는 제안도 빠뜨리지 않고, 마지막에는 '또 찾아와 주세요'라고 확인하도록 되어 있다.

 어느 날 한국어를 할 줄 모르는 외국인 앞에 서게 되자 이 아르바이트 학생은 항상 하던 대로 "오래 기다리셨습니다" 하고 시작하였다. 당연히 외국인은 알아듣지 못하고 "I don't speak Korean"이라고 말하면서 손가락으로 주문을 하였다. 주문을 받은 학생은 재차 이어서 "이 상품은 이쪽의 세트를 주문하시는 것이 득이 됩니다" 하고 한국말로 매뉴얼에 있는 대로 말하였다. 외국인이 손을 펼쳐

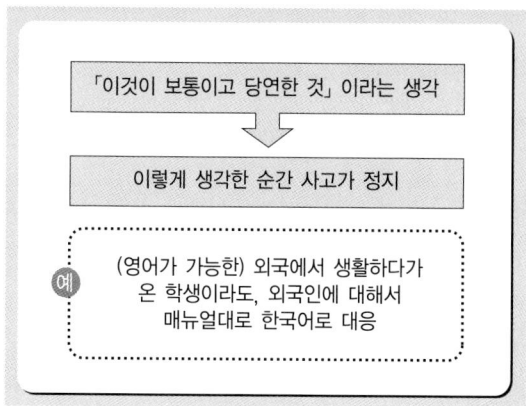

보이며 알아듣지 못하는 모양을 보자 영어로 내용을 설명한 후에, 다시 마지막으로 '또 찾아와 주세요' 하고 우리나라 말로 매뉴얼대로 설명하였다.

습관이나 기존의 틀은 무서운 것이어서 상황이 어떻게 변하더라도 기존의 틀을 '이것이 보통이고 당연한 것'이라고 인식한 시점에서 사고가 정지되고 제로 베이스 사고는 불가능해진다.

사례 ⑤ 기존의 틀을 제거한 사례

 계절에 따라 변동이 있는 서비스에서는 대규모 사업을 기대할 수 없다는 것이 일반적이다. 예를 들어 스키장은 여름에는 등산, 하이킹, 캠프가 가능하고 호텔이나 레스토랑의 운영을 통해서 관광객을 유치할 수가 있다. 당연히 눈이 내리지 않는 겨울 이외의 계절에는 어떤 서비스를 제공할 수 있는지 검토가 필요하다.

 그러나 이러한 사고에는 다음과 같은 전제가 숨어있다.

 '스키' = '눈' = '겨울'

 물론 스키나 스노우 보드는 겨울 스포츠라고 생각하는 것이 일반적인 상식이다. 여기서 '스키' = '눈' = '겨울'의 마지막 조건인 겨울이라는 계절의 전제를 없애는 것은 안될까? '스노바'라는 일본의 실내스키장은 인공설을 사용하여 연중 실내를 스키(스노우 보드) 장으로 하는 사업을 실현시켰다. 이러한 배경에는 당연히 '눈은 겨울이어야 한다'라는 전제를 부정하고 순수하게 사계절 즐길 수 있는 장소가 있으면 좋겠다는 관점에서 선입관과 고정된 상식을 깨뜨린 것이다. 즉, 단순하고 직선적으로 생각하여 '인공설을 사용하면 실현 가능하다' → '어떻게 하면 인

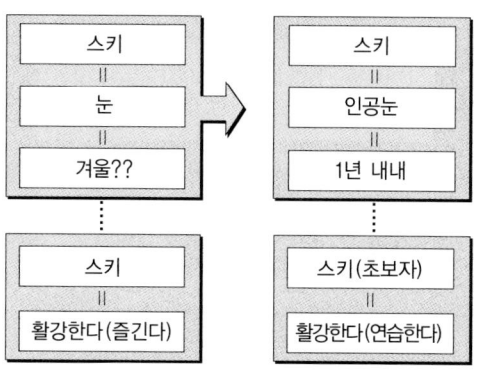

공설을 만들 수 있을까?' 하는 현실적인 방법을 모색하여 마침내 실내스키장을 만들게 되었다. 실제로 스키나 스노우 보드를 즐기는 고객들이 대부분 젊고 초급자이어서 조금이라도 더 연습하여 실력을 향상시키려는 욕구를 가지고 있어서 겨울 이외에도 계절의 수요에 크게 구애받지 않고 연중 안정적으로 운영할 수 있는 점도 긍정적으로 작용하고 있다.

2-3 사용자의 가치와 제로 베이스 사고

제로 베이스 사고를 구체적으로 실천하기 위한 가장 중요한 방법은 상대방의 입장에서 사물을 생각하는 것이다. 다시 말하면 '상대방의 가치를 생각한다'고 할 수 있다. 상대방은 상황에 따라 사용자(고객)인 경우도 있고 직장의 동료, 상사, 부하인 경우도 있을 수 있다. 마케팅에서는 '사용자(고객)가 무엇을 원하는가'라는 것에서 사고를 시작한다. 그리고 사용자가 원하는 가치를 제공하기 위한 제품과 서비스를 생각한다. 그리고 이를 바탕으로 우수한 연구개발자들이 기술적인 발견이나 개량을 통하여 신제품을 개발한다. 물론 그것이 고객의 욕구를 만족시키는가 여부는 별개의 문제이다.

또 회사 내에서 사내 정보시스템을 구축한다고 하자. 정보시스템 부서에서는 판매와 경리를 통합하는 정보시스템을 구축하려고 한다. 구축담당자는 수천 개의 기능을 가진 아주 복잡한 시스템을 만들려고 한다. 그러나 이 시스템을 사용하는 고객(사원)은 매일 바쁜 업무 중에 사용하는 기능이 수백 개 정도에 지나지 않는다. 사용자의 가치를 생각한다면, 있으면 편리한 기능은 가능한 한 배제하고 없어서

사용자의 가치와 제로 베이스 사고

정보시스템부가 인식한 역할의 예;
어떻게 고도로 복잡한 기능을 가진
시스템을 구축할 것인가?

정보시스템부가 인식해야 하는 역할의 예;
매일 아주 바쁜 사원들에게 어떻게 이해하기
쉽고 편리한 기능으로 압축된 시스템을
구축할 것인가?

는 곤란한 기능만으로 줄여서 시스템을 구축해야 할 것이다.

이렇게 자신이나 자사, 자부문의 관점을 상대방의 관점으로 옮기고 상대방의 가치를 생각하는 것이 기존의 틀이나 상식에서 벗어나는데 아주 중요하다. 그리고 이렇게 생각해 낸 새로운 사고를 실행에 옮기면 성공확률이 크게 높아진다.

사례 ⑥ 역발상으로 사고한다.

철저하게 고객만족을 추구하여 어떤 상품, 어떤 상황에서도 반품이 가능한, 문자 그대로 고객에게 컨시어지(concierge) 서비스를 제공하여 자사에 대한 로열티를 향상시키는 미국의 노드스트롬 백화점과 같은 회사가 있는가 하면, 과도한 고객서비스를 철저히 생략하고 효율경영으로 사업을 확대하고 있는 신흥 항공사 이지제트와 같은 회사도 있다. 이처럼 사업의 성공에 유일한 방법이 있는 것은 아니다.

[어느쪽이 보다 사용자의 관점에서 서비스를 제공하고 있는가?]

양쪽 모두 사용자의 관점에 서서 서비스를 제공하고 있다. 식음료 서비스 등 부가서비스를 철저히 배제하고 항공료를 과거보다 저렴하게 제공하는 후자의 예는 고객에 대한 과잉서비스를 생략하였지만 그렇다고 반드시 고객의 니즈를 무시하고 만족도를 떨어뜨린 것은 아니다.

식음료를 원하지 않는 고객층에 대해서는 항공료를 내리는 형태로 서비스를 제공하는 것이 오히려 목표 고객층의 목적과 가격의 균형을 가진, 고객의 관점에 입각한 보다 우월한 서비스라고 할 수 있다.

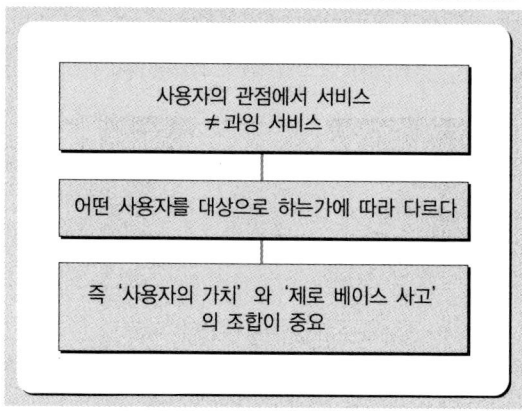

 이와 같이 사용자 관점의 제로 베이스 사고가 반드시 과도한 서비스를 의미하는 것은 아니다. 고객의 입장에서 생각하는 방법은 아주 다양하기 때문에 그 방법을 고정시켜 놓지 않고 다양하게 조합해 나가는 것이야 말로 '사용자의 가치'와 '제로 베이스 사고'를 적절히 활용하는 것이다.

사례 ⑦ 새로운 발상

전항에서는 고객만족도를 높이고 고객의 로열티를 향상시키는 한 가지 수단으로 어떠한 경우에도 반품을 받아주는 것을 시작하여 유명해진 노드스트롬사의 예를 살펴보았다. 그러나 이것을 그대로 모방해서는 반품이 그대로 비용으로 되돌아와서 사업이 되지 않는 기업이 속출하게 된다.

실제로도 반품의 위험은 상당히 커서 그대로 재고위험이 되어 버린다. 한편 고객의 관점에서는 당연히 보다 확실하게 품질을 확인하고 구입하고자 하는 니즈가 있다. 이러한 쌍방의 니즈 사이에서 제로 베이스 사고를 하여 생겨난 사업도 있다.

전술한 대로 점포의 성공요소 중 하나는 '고객만족도를 중시한 서비스'이고 그 구체적인 방법으로 가장 이해하기 쉬운 서비스가 '반품접수'이다. 일반점포에서도 그 니즈는 상당히 커져서 고객이 PC화면에서 상품을 주문하는 온라인점포에서는 상품의 구입을 결정하는 요인 중에 '반품가능'의 니즈가 큰 비율을 차지하고 있다. 그러나 한편으로 기업측에서는 반품율이 올라가는 것은 수익을 압박하

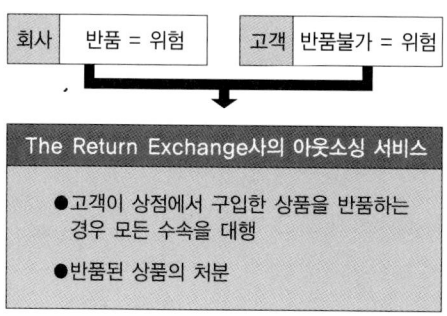

는 중요한 요인이 된다.

여기에 착안한 것이 'The Return Exchange사'이다. 이 회사에서는 고객이 상점에서 구입한 상품을 반품할 경우, 모든 수속과 반품된 상품의 처분까지 담당하는 아웃소싱 서비스를 2000년부터 시작하여 쌍방의 위험을 방지하는 에이전트로 활약하고 있다. 다시 말하면 상호간의 니즈 사이에 있는 틈새를 메워주는 존재로 기능하고 있다.

사례 ⑧ 사용자측의 발상

최근 기차역의 발매기에는 커다란 안내화면이 붙어 있는 경우가 많아서 화면 상에 있는 '행선지(금액)'를 누르면 표를 살 수가 있다. 은행의 현금자동지급기(CD기) 등에도 이와 유사한 표시화면이 있어서 화면 상에서 선택하여 프로세스를 진행시킬 수가 있다. 그러나 발매기 중에는 먼저 돈을 넣지 않으면 작동하지 않는 것도 있다.

이처럼 우리들이 평소에 아무 생각 없이 실행하고 직면하는 '사용상의 불편'이나 '실패'에 대해 생각하는 인간공학(Ergonomics)에 대한 연구가 활발해지고 있다. 이 분야의 대전제는 '사람들의 실수를 예방하고, 직감적으로 이해하기 쉽도록 설계하는 것'이다. '사람은 기본적으로 실수를 한다', '자신은 괜찮지만 다른 누군가는 반드시 잘못할 수 있다'는 전제 하에 '보다 이해하기 쉽게(보다 좋게)'라는 의문을 반복해서 연구한다.

예를 들면, 앞의 예와 같은 상황을 피하기 위해서는 '돈을 먼저 넣어 주세요'라는 설명을 추가하는 것 만으로도 실수를 줄일 수 있다. 처음에 우선 '돈'이 먼저인가 '행선지'가 먼저인가 양자택일을 하지 않더라도, '돈'을 넣든

	사용자측의 발상
	발매기의 예
×	먼저 돈을 넣지 않으면 행선지를 누를 수 없다 (표를 살 수 없다)
○	'먼저 돈을 넣어 주세요'라는 문장으로 가르쳐 준다.
◎	돈을 먼저 넣거나 행선지를 먼저 눌러도 표를 살 수 있다.

지 먼저 '행선지'를 지정해도 표를 살 수 있도록 할 수도 있다.

이처럼 지금까지와는 전혀 다른 관점에서 사물을 생각하면 의외로 당연한 것처럼 보급되어 있어 우리들이 이용하고 있지만 세련되지 않은 것들이 많이 있다. 이제 상식에 의문을 품고 고객(상대방)의 시각에서 사물을 생각하는 제로 베이스 사고를 기억해 두자.

3. 논리전개의 두 가지 방법〈연역법과 귀납법〉

3-1 논리성 체크리스트

 먼저 다음의 질문에 답을 하면서 그 중에 하나라도 NO라는 답변이 있으면 다음에서 설명하는 논리전개에 대해서 완전히 이해한 후, 자기 자신의 일상적인 사고 중에 적용할 수 있는 지 검토해 볼 필요가 있다.

【논리성 체크리스트】

① 나는 항상 구체적인 사례에 기초하여 설명한다.
② 구체적인 예를 들 경우, 항상 근거를 가지고 맞는 것을 확인한 후에 설명에 사용한다.
③ 설명할 때 언제나 그 배경에 신경을 쓰고, 사용 단어의 정의를 사전에 명확히 한 후에 이야기를 진행한다.
④ 설명을 할 때는 복잡한 상황이라도 30초 이내에 전체상을 설명할 수 있다.
⑤ 구체적인 예를 들 경우에는 그것이 흔히 있는 일인가 가끔 발생하는 '예외'인가를 인식하고 각각을 명확히 나누어 사용한다.
⑥ 설명은 항상 전체상을 이야기하고, 결코 지엽적인 이

논리성 체크

> - 구체적인 사례나 근거를 기초로 이야기하고 있다
> - 사물의 정의를 명확히 한 후에 이야기를 하고 있다
> - 30초 이내에 대강의 사항을 설명할 수 있다
> - 설득력이 있는 '사례', 가끔 발생하는 '예외'의 차이를 이해한다
>
> ……등등

야기를 꺼내지 않는다.

⑦ 일반적으로 유행하는 경영학 용어나 이론은 마음에 두지 않는다.

⑧ 비즈니스이론 등은 말만 어려울 뿐이지 언제나 나의 의사결정이나 행동의 프로세스와 일치한다.

⑨ 아무리 전원일치라고 하더라도 중대한 결정에 대해서는 몇 명의 프로젝트팀이나 주위의 아는 사람들 만으로 결정하지는 않는다.

⑩ 자신의 논리나 이야기에 설득력이 없다고 느끼면서 설명을 계속하지는 않는다.

3-2 논리전개의 두 가지 방법

일상의 커뮤니케이션에서 상대방의 말을 이해하기 어렵고, 자신의 말을 이해시키지 못하는 문제는 대체로 논리전개가 잘못되어 있음에 기인한다. 논리전개란 메시지 전달 상의 조리로 이것이 적절치 못하면 메시지를 받는 사람이 이해하기 어려워진다. 논리전개는 커뮤니케이션의 모든 경우에 행해지고 있다. 논리전개의 좋고 나쁨이 성과에 영향을 미친다. 이번 장에서는 기본적인 논리전개 방법을 배운다. 이 전개 방법에는 연역적 논리전개와 귀납적 논리전개의 두 가지가 있다. 연역적 논리전개 방법과 귀납적 논리전개 방법의 차이나 형식을 이해함으로써 자신의 생각을 정리하고 다른 사람이 이해하기 쉽도록 전달하는 것이 가능해 질 것이다.

자세한 사항은 뒤에서 설명하겠지만, 간단히 말하면 연역적 논리전개와 귀납적 논리전개는 다음과 같다.

[연역적 논리전개 방법]: 법칙에서 다양한 결론을 도출하는 방법

[귀납적 논리전개 방법]: 여러가지 사실이나 결과에서 법칙을 발견하는 방법. 연역법의 역

'연역법'은 논리정연한 흐름으로 항상 이유가 있고 결

논리전개의 방법

연역적 논리전개
법칙에서 다양한 결론을 도출하는 방법

귀납적 논리전개
여러 가지 사실이나 결과에서 법칙을 발견하는 방법

론이 도출되는 기법이다. 공식적인 장소에서 발표를 한다든가 정확하게 내용을 전달해야 할 필요가 있는 경우에 적합하다. 이에 반하여 '귀납법'에서는 먼저 결론을 말하고 그것을 입증하는 순서로 진행한다. 그렇기 때문에 전체와 부분의 관련을 이해하기 쉽게 설명할 수 있다. 어느 방법이라도 전체와 연결시키는 것을 잊어서는 안된다.

사례 ⑨ 논리전개상 전제(rule)의 중요성

 여러분이 식품회사의 신규사업부에 배치된 신입사원이라고 생각해 보자. 처음으로 신규사업플랜으로서 회전초밥집에서 힌트를 얻은 회전주점의 다점포 전개를 제안하고 구체적인 비즈니스플랜을 작성하였다.

 사업계획을 숫자화하여 현실적으로 초년도부터 흑자가 나오는 채산성을 판단했다. 오십 억 원을 투자하면 7억 원의 이익을 얻을 수 있는 사업계획서를 가지고 상세한 채산성 및 향후 3년간의 현금흐름 계획을 제안서에 포함시켜서 자신만만하게 신규사업부장에게 제출하였다. 계획도 나무랄 데 없고, 상세하게 분석되어 있는 우수한 사업계획이었다. 그러나 부장은 투자할 수 없다고 판단했다.

 그 이유는 아주 간단했다. '투자이익률이 20%가 넘는 사업이 아니면 투자하지 않는다' 라는 대전제 때문이었다. 사업계획상의 투자이익률은 7억 원 ÷ 50억 원 = 14%이다. '투자이익률이 20%를 넘지 않으면 투자하지 않는다' → '회전주점 사업계획의 투자이익률은 14%이다' → '회전주점 사업에는 투자할 수 없다' 는 사고의 순서로 납득이 되었다. 실제로 우수한 사업계획이라면 어떻게 하면 20%

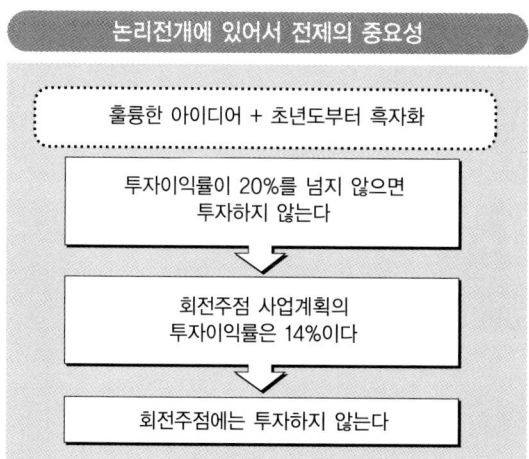

를 달성할 수 있는지에 대한 분석과 해답을 거듭하여 심사 가능한 사업계획으로 개선시켜야 한다.

이처럼 메시지를 논리적으로 연관시키는 방법을 논리전개라고 한다(연역법의 예). 다음에서는 연역법에 의한 논리전개를 상세히 살펴본다.

3-3 연역적인 논리전개

연역적인 논리전개는 통상 삼단논법의 형식으로 표현된다. 우선 사실(전제)이 있고, 사실의 해석을 통해서 결론이 도출되는 논증형식이다. 연역적인 논리전개는 다음의 세가지 요소를 가지고 있다
 ①세상에 존재하는 사실(룰)
 ②그 사실과 관련된 상황(관찰사항)
 ③앞의 두 가지 정보가 의미하는 것
 이 세 가지 요소를 사용하여 다음의 순서대로 논리를 전개한다.
 ①우선 세상에 실제로 존재하는 사실/전제를 서술한다
 ②그 사실과 관련된 상황(관찰사항)을 기술한다
 ③앞의 두 가지 정보가 의미하는 것을 해석하고 기술한다(결론)
 결국 관찰사항을 룰에 비추어 보고 관찰사항이 룰에 맞는지 안 맞는지 살펴보고, '그러므로'라는 말로 결론을 이끌어 낸다.
 회전주점의 경우에는 ①존재하는 사실인 룰이 '투자이익률이 20%를 넘지 않으면 투자하지 않는다' ②사실과

연역적 논리전개

연역적 논리전개의 프로세스

❶ 세상에 실제로 존재하는 사실(룰)을 서술한다

❷ 그 사실과 관련된 상황(관찰사항)을 기술한다

❸ 앞의 두 가지 정보가 의미하는 것을 해석하고 기술한다(결론)

관련된 상황이 '회전주점사업의 투자이익률은 14%이다' ③두 가지 정보를 해석해서 기술하면 '따라서 회전주점사업에는 투자하지 않는다'는 논리가 된다.

또한 '기온이 20도 밑으로 떨어지면 요구르트가 팔린다'는 사실에서 '내일은 기온이 20도 밑으로 떨어질 것이 확실'한 경우 결론으로 '내일은 요구르트를 매입한다'는 판단이 가능하다.

사례 ⑩ 연역법의 유의사항

이처럼 연역법은 이유를 설명하는 단계가 포함되어 있어서 아주 이해하기 쉬운 논리전개 방법이지만, 주의할 점이 있다.

우선, 논리전개의 프로세스가 올바르다고 해도 처음에 사용하는 사실/전제가 잘못되었다면 당연히 결론도 잘못 도출될 수 있다.

예를 들어 '항공사는 항공기의 좌석 수를 최대한 늘려서 보다 많은 승객을 태우는 것이 수익성 확보의 절대조건이다' → 'A항공사는 1등석에 음료 카운터를 설치하여 좌석을 줄이고 있다' → 'A항공사는 성공할 수 없다'라는 결론을 내렸다고 하자.

그러나 A항공사는 1등석 고객들의 만족을 얻게 되고, 수익률이 높은 1등석 가동율이 올라가서 성공하였다면, 설정된 사실/전제가 틀린 것이 된다. 그 결과 당연히 결론도 틀리게 되어 버린다. 따라서 비즈니스에 있어서는 우선 대전제인 사실/전제가 올바른 것인가를 확인하는 것이 중요하다.

이러한 사실의 확인은 리서치나 데이터를 근거로 활용

연역법의 유의사항

> 논리전개의 프로세스가 올바르다고 해도 사용하는 사실(전제)이 잘못되었다면 결론도 틀리게 된다

할 수 있으며, 이미 배운 제로 베이스 사고로 모든 일을 파악하여 사실/전제가 현재에도 통용되는 가를 확인하는 것도 효과적이다.

3-4 귀납적인 논리전개

【귀납법이란?】

　귀납적인 논리전개란 관찰된 몇 가지 사실이나 의견의 유사성에서 결론을 도출하는 방법이다. 귀납법은 자동적으로 결론이 도출되는 연역법과는 다르게 '관찰된 정보의 공통성에서 결론을 도출'해내는 작업이 필요하다. 즉, 결론은 '……일 것이다', '……인 것 같다'라는 추측의 형태를 취하는 경우가 많다.

　예를 들어 설명하면 다음과 같다.

　[A지역 국회의원 선거에서 무소속 후보가 의석을 독점하였다]
　[B시의 보궐시장 선거에서 무소속 후보가 당선되었다]
　[C지역 도지사 선거는 여야 양당의 후보가 모두 낙선하였다]

　↓

　[기존 정당에 대한 불신이 높아지고 있다]

　일상업무 중에 귀납법적인 논리전개를 이용하면 설득력 있는 설명이 가능해진다. 앞의 예에서는 프레젠테이션의 처음에 다음과 같은 설명이 가능하다.

　'기존 정당에 대한 불신이 높아지고 있다(결론). 그 이유

> **귀납법의 논리전개**
>
> 관찰된 정보의 공통성에서 결론을 도출하는 논리전개
>
> (예)
> 'A지역 국회의원 선거에서 무소속 후보가 의석을 독점하였다'
> 'B시의 보궐시장 선거에서 무소속 후보가 당선되었다'
> 'C지역 도지사 선거는 여야 양당의 후보가 모두 낙선하였다'
>
> ↓
>
> '기존 정당에 대한 불신이 높아지고 있다'

가 되는 배경은 세 가지이다. 하나는 A지역 국회의원 선거에서 무소속 후보가 의석을 독점하였다. 둘째는 B시의 보궐시장 선거에서 무소속 후보가 당선되었다. 셋째는 C지역 도지사 선거는 여야 양당의 후보가 모두 낙선하였다.'

비즈니스 커뮤니케이션에서는 먼저 결론을 말하고 논리정연한 근거를 설명함으로써 설득력을 가진 프레젠테이션이나 보고를 할 수 있다.

사례 ⑪ 귀납법의 유의사항

 귀납법에서는 관찰된 몇 가지 사실이나 의견에서 공통점을 찾아내어 결론을 도출하기 때문에 그 결론은 추측의 형태를 지닌다. 즉 '아마 ……일 것이다'라는 것은 100% 올바른 결론이라고 단언하는 것은 아니다. 추측에는 개인적인 판단이 개입되어 있어 사람마다 해석이 다른 경우가 있다.

 [예] '중년세대가 도심으로 이주하고 있다', '부부세대가 도심으로 이주하고 있다', '독신세대가 도심으로 이주하고 있다' →어떤 사람은 '편리성을 추구하여 도심으로 사람들이 모여들고 있다'고 결론을 낼 것이고 다른 사람은 '과잉유입으로 공공기관의 서비스가 미치지 못할 것이다'고 판단하고 결론을 내릴 것이다.

 [예] '요오키 씨의 며느리는 아침 일찍부터 밤늦게까지 열심히 일하는 커리어우먼이다', '요오키씨의 며느리는 매일 밤 역 앞의 헬스클럽에 가서 땀을 흘리고 있다', '요오키 씨의 며느리는 부업으로 화장품 판매를 하여 용돈을 벌고 있다' →어떤 사람은 '요오키 씨의 며느리는 열심히 일하는 활력 넘치는 사람이다'라고 긍정적인 결론을 내릴

귀납법의 유의사항

| 관찰된 사실이나 의견에서 공통점을 찾아 결론을 도출한다 | = 추측(주관이 개입) |

예)
- '요오키 씨의 며느리는 아침 일찍부터 밤늦게까지 열심히 일하는 커리어우먼이다'
- '요오키 씨의 며느리는 매일 밤 역 앞의 헬스클럽에 가서 땀을 흘리고 있다'
- '요오키 씨의 며느리는 부업으로 화장품 판매를 하여 용돈을 벌고 있다'

- ● A씨의 결론 '요오키 씨의 며느리는 열심히 일하는 활력 넘치는 사람이다'
- ● B씨의 결론 '며느리는 집안일을 전혀 하지 않는 게으름뱅이다'

지도 모르고, 시어머니는 '며느리는 집안일을 전혀 하지 않는 게으름뱅이다'라고 부정적인 결론을 내릴지도 모른다. 양쪽 모두 틀렸다고 말할 수 없는 논리전개를 하고 있지만 전달하는 사람과 듣는 사람 사이에서 납득하지 않으면 부적절한 논리전개라고 말할 수 있다. 거꾸로 말하면 전달하는 사람과 듣는 사람 모두가 납득할 수 있는 논리전개라면 올바른 것이 된다고 할 수 있다.

3-5 복합적인 논리전개

현실에서는 연역법과 귀납법 양자가 연결된 논리전개로 설득력있는 제안이나 설명을 하는 경우가 많고 효과적으로 활용할 수가 있다.

[예] 현재 대학의 공학부에서 잠자고 있는 기술연구나 특허 등을 활용해야 한다는 목소리가 커지고 있는 와중에, 민간기업도 기술이나 특허를 판매하는 형태로 수요를 가진 고객층에게 제공하는 것을 검토하고 있다. 그 배경에는 정부도 신기술개발의 후원을 위한 보조금 지원책을 시작하여 문자 그대로 정부, 재계, 학계를 망라한 활동이 진행되고 있다.

우선 이 문장 가운데서 사실을 뽑아낸다.

'대학의 특허는 활용되지 않고 있는 자산으로 주목받고 있다', '산업계에서는 비즈니스로서 상품화가 가능한 원천기술을 찾고 있다', '정부는 산학협동을 추진하고 있다'. 이러한 사실들에서 추측 가능한 룰(공통점)은 '대학의 기술이전기관(TLO)을 이용한 비즈니스가 주목받고 있다'는 것을 들 수 있다.

이처럼 우선 귀납법의 결론을 도출한 후, 그 귀납법의

복합적인 논리전개

연역법과 귀납법 양쪽이 연결된 논리전개

예 '대학의 특허는 활용되지 않고 있는 자산으로 주목받고 있다'

- '산업계에서는 비즈니스로서 상품화가 가능한 원천기술을 찾고 있다'
- '정부는 산학협동을 추진하고 있다'

귀납법

- '대학의 기술이전기관(TLO)을 이용한 비즈니스가 주목 받고 있다'
- '전자인증의 기술은 TLO에서 육성되고 있다'

연역법

'전자인증 비즈니스가 주목받고 있다'

결론을 연역법의 사실(전제) 로서 논리전개를 도모한다.

'대학의 기술이전기관(TLO)을 이용한 비즈니스가 주목받고 있다'는 전제를 기초로 여러 가지 원천기술 중에 TLO에서 육성되고 있는 '차세대 전자인증기술'을 발견한 경우에, '전자인증은 TLO에서 육성되고 있다'는 관찰사항에서 '전자인증 비즈니스가 주목받고 있다'는 논리를 전개할 수 있다.

4. 기타 비판적 사고에 적합한 고려사항

4-1 원인규명의 필요성 ①
〈'왜'를 반복하는 작업의 중요성〉

 단순히 결과에서 해결책을 찾아 내려고 하면 같은 문제가 되풀이되는 결과만 초래할 뿐이다. '매출이 떨어지고 있다'는 문제에 대해서 '의욕을 불어넣어 매출을 올려라'고 하면 문제를 되풀이할 뿐 근본적인 해결책이 되지 않는다. 문제의 근본적인 원인을 찾아낼 수 있다면 그 원인에 적합한 해결책을 생각하기만 하면 된다. 그러나 원인에 대해서 폭넓고 깊이 생각하는 작업이 불충분하면 표면적인 문제밖에 해결하지 못한다. '요즘 위가 쓰리다'고 해서 위장약을 복용하면 그 순간의 통증은 없앨 수 있지만 얼마 안가서 또 다시 같은 통증을 느끼게 될 것이다. 위통의 근본적인 원인을 생각하고 해결책을 세워야만 한다.

【넓은 시야로 찾는다 (다양한 가능성을 나열한다)】

 위통이 있으면 그 원인으로 여러 가지를 생각할 수 있다. 스트레스일 수도 있고 어쩌면 위암일 지도 모른다. 원인을 넓은 시야로 찾아봄(제로 베이스로 생각한다)으로써 중요

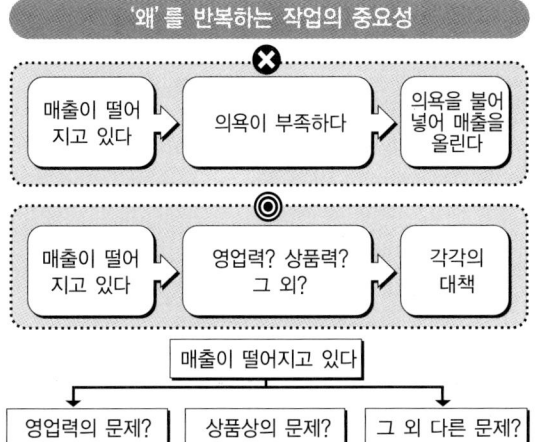

한 요소를 놓치는 사태를 막을 수 있다. 다양한 가능성을 나열하고 각 사항을 깊이 파고 들어감으로써 원인을 구체화하고 규명할 수 있다.

【 '왜?'를 끈질기게 되묻는다 】

빨리 해결책을 내고 싶은 욕구는 누구에게나 있지만 이런 욕구를 억누르고 한계까지 문제를 파고 들어가는 습관을 들여야 한다. 구체적으로는 그림과 같이 끊임없이 자신에게 '왜?', '어째서?'를 물어야 한다. '왜?'를 반복할 때마다 문제의 원인과 해결책이 점점 구체화되는 것을 느낄 수 있을 것이다.

4-2 원인규명의 필요성 ② 〈실패에서 배운다〉

'왜'를 반복하여 사물의 근본에서 문제해결의 실마리를 찾는 것의 중요성은 그대로 '실패에서 배우는' 프로세스가 된다. 이것은 비단 비즈니스의 세계에서 뿐 아니라 정치, 사회일반, 일상생활에 이르기까지 공통된 일이다.

의료사고, 약화사고, 청소년범죄, 관청이나 기업의 스캔들 등 모든 사례의 실패 원인에 대해서 '왜 사고가 일어났고 피해가 확대되었는가?' 라는 원인을 해명하지 않고 오히려 '누가 문제를 일으켰는가?' 하는 부차적인 책임 추궁에만 집중하는 것이 문제가 된다. 책임자를 수백 번 처벌하더라도 (기업의 담당자에게 책임을 물어) 사고(실패)는 줄어들지 않는다는 것을 냉정히 인식하고 '재발방지의 열쇠가 무엇인가?' 하는 조사를 철저히 해야 한다.

철저히 한다는 것이 '왜'를 반복하는 것이다. 예를 들어 기업 내에 부정이 발생한 경우에 '왜'라는 물음에 대해 'A부장은 생활이 어려웠다(그런 것 같다)'고만 말하면 'A부장이었기 때문에' 라는 표면적인 이유만으로 결론을 내려 버릴 수 있다. 그러나 여기서 중요한 것은 'A부장의 입장은 여러 거래처 중에서 발주처를 결정하는 권한을 가진 구

원인규명의 실패에서 배운다

| 예 | 기업 내에서 A부장의 부정이 발각되었다 |

A부장은 생활이 어려웠기 때문에
(A부장이기 때문에 어쩔 수 없다)

A부장의 입장은 여러 거래처 중에서 발주처를 결정하는
권한을 가진 구매부의 책임자였기 때문에

거래처로부터 선물이나 접대는 일체 금지하고 의사결정
시에 여러 명의 담당을 개입시켜서 재발방지에 힘쓴다

매부의 책임자였기 때문'이고, 따라서 유혹이나 잘못을 사전에 예방하기 위해 '거래처로부터의 선물이나 접대는 일체 금지'하거나 이중 삼중으로 체크하기 위해 '의사결정에는 여러 명의 담당자를 개입시킨다' 등과 같은 투명성을 확보하는 장치를 마련할 필요가 있다.

4-3 인과관계에 주의한다

　인과관계란 원인과 결과의 논리성을 말하는데 문제해결의 프로세스 상에서 가장 기본이 된다. 왜냐하면 어떤 결과에 이르게 된 원인이 무엇인가를 규명하는 것이 문제해결이기 때문이다.

　일반적으로 인과관계란 아주 단순한 것을 의미한다. 예를 들어 '상품의 가격표시를 잘못하여 싼 값에 제시'하였더니 '상품이 평소보다 10배 이상 팔렸다'와 같은 것이다.

　때로는 어떤 원인이 어떤 결과를 만들어 내고, 다시 그 결과가 다른 결과를 초래하기도 한다. 예를 들면, 'TV 프로그램의 시청률이 올랐다' → '스폰서가 많이 붙었다' '인기배우를 발탁할 수 있었다' → '더 한층 TV 프로그램의 시청률이 오른다'는 순환이 나타나는 경우도 있다. 이것이 "닭-달걀"의 인과관계이다.

　이런 경우 당연히 선순환 만이 아니라 악순환도 있을 수 있다. 예를 들어 초밥집의 경우에 '매출이 떨어졌다' → '초밥 재료의 회전율이 떨어졌다' → '고객이 만족하지 못한다' → '손님이 줄어든다' → '다시금 매출이 떨어진

인과관계

인과관계 = 「원인」과 「결과」에 논리성이 있는 것

❶ 단순한 인과관계

예	잘못하여 낮은 가격표시를 붙였다 → 평소보다 10배가 팔렸다

❷ '닭-달걀'의 인과관계

예	시청률이 올랐다→스폰서가 많이 생겼다→인기배우를 발탁할 수 있었다→다시금 시청률이 올랐다

다'라는 경우이다.

이처럼 사물에 대해 생각하고 문제해결을 위해서는 항상 원인과 결과의 인과관계를 파악하는 것이 중요하다.

사례 ⑫ 인과관계의 유의사항 Part 1
〈직감이나 믿음에 따른 경솔한 판단의 오류〉

 현실에서는 주의 깊게 검증하지 않으면 '이것은 ~한 인과관계가 있을 것이다'고 하는 직감이나 믿음에 따라 제멋대로 판단하여 자기도 모르는 사이에 정확한 인과관계를 파악하지 못하는 경우가 있다.

 예를 들면 '기업에서는 종신고용이 줄어들고 있어 사원의 평균 근속년수가 감소하고 있기 때문에 지식연수보다는 오히려 회사의 이념이나 조직 내에서 공유해야 하는 DNA를 육성하기 위한 연수에 시간을 들여야 한다'는 이야기가 있다. 실제로 종신고용이 붕괴되고 있고 조기퇴직제도나 인재의 유동화로 인하여 대기업의 관리시스템이 변하고 있어서 확실히 자사의 정체성을 강화시키는 것이 효과가 있을지도 모른다. 다만 이직률 자체가 높아지는 와중에 반대로 평균 근속년수가 완만하게 상승하고 있다는 데이터도 있다. 그 이유는 ①연금 수급 연령의 상승에 따른 정년의 연장 움직임 ②이직하지 않고 남은 사람은 승진을 하고, 오랫동안 근무하는 경향이 있다 ③실업률의 상승에 따라 조건이 나빠지는 것도 회사에 남아 있도록 하

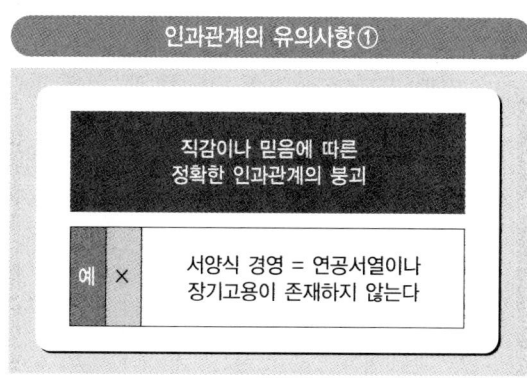

는 인센티브가 되는 것 등을 생각할 수 있다.

이외에도 '서양식 경영'이라고 세간에 정의되어 단순화된 것 중에도 유럽의 대기업은 강력한 연공서열이나 장기고용 시스템을 유지한다는 근거가 없다든지 미국기업에서도 수많은 '예외'가 있다고 하는, '직감'이나 '믿음'에 의해 경솔하게 판단하는 것은 사물의 인과관계를 붕괴시키고 전혀 다른 원인에서 결과에 이르는 잘못된 행동방향을 이끌어 내는 위험성이 상당히 높다.

사례 ⑬ 인과관계의 유의사항 Part 2
〈변명 때문에 인과관계를 볼 수 없게 된다〉

두 번째 유의사항은 결과에 대한 '변명'을 찾아내어 이용하는 것으로 이 경우에는 사물의 진상을 볼 수 없게 된다. 이것은 우연한 사항을 마치 어떤 결과를 끌어낸 주 원인으로 간주하는 경우를 말한다.

예를 들어, 독립 증권사인 A사는 온라인 증권사의 등장으로 주 수익원인 거래수수료와 관리비가 곧바로 줄어들 수 밖에 없는 상태가 되어 비용이 많이 드는 영업인력을 다수 고용하는 것이 어렵게 되었다. 한편 다른 유명 증권사인 B사는 온라인 거래의 확대를 예측하고 재빨리 영업인력의 폐지를 결정하여 거래수수료를 낮추고 일찍부터 자원을 집중해 왔다. 이러한 때에 A사는 B사의 매수제안을 받았다. 영업인력이 없는 B사로부터의 제안으로 구조조정을 염려한 A사의 영업인력들이 앞다투어 다른 회사로 옮겨가게 되었다. 영업인력의 유출은 그대로 고객 관리명단의 유출로 이어져 영업인력과 관련된 고객도 다른 회사로 빠져 나가고 회사는 적자로 전락해 버렸다.

A사는 'B사가 아닌, 영업인력을 보유한 전통적인 증권

인과관계의 유의사항 ②

> **우연한 사항을 마치 어떤 결과를 이끌어낸 주 원인으로 간주하여 본래 원인의 변명을 한다**
>
> | 예 | × | 회사가 실패한 것은 운이 없었기 때문이다 |
> |---|---|---|
> | | ◎ | 진짜 실패한 이유는 회사의 선견성 부족 |

사의 제안이었다면 영업인력도 남아주었을 것인데……'
하고 틀림없이 'B사의 제안 때문에'라고 불행했던 일을
애석해 하였다. 그렇지만 사실은 앞일을 예측하는 사고기
능이 완전히 멈춰져서 조만간 적자에 빠질 것이라고 생각
할 수 있다. A사에는 미래를 읽으려는 노력의 부재, 경영
방침이나 종업원에 대한 매력의 결여 등 근본적인 기업노
력이 부족했다고 말할 수 있다.

사례 ⑭ 인과관계의 유의사항 Part 3

세 번째 유의사항은 원인과 결과 사이에 있는 '닭-달걀'의 관계를 단순한 인과관계로 잘못 인식하는 것이다.

예를 들어 첫해부터 우수한 영업실적을 올리고 있는 벤처기업 A사가 있다고 하자. 아직 창업사장과 파트너 두 명만으로 버티고 있는 A사는 상담이 가능한 담당인력도 두 명밖에 없기 때문에 하루에 감당할 수 있는 면담 건수가 정해져 있다. 이 때문에 예정이 꽉 차 있어서 상담시간이나 약속시간도 30분씩으로 되어 있다. 이런 현상으로부터 '과도한 스케줄을 처리한다'는 것으로 '우수한 영업실적을 올릴 수 있다'고 하는 단순한 인과관계가 성립한다고 할 수 있을까?

이 관계는 언뜻 가능한 한 많은 고객후보와 상담하여 수주를 얻을 수 있는 '확률'이 높아져서 우수한 영업실적을 올린다는 단순한 인과관계로 보여진다. 그러나 실제로는 '우수한 영업실적을 올릴 수 있는 실력이 있다'는 것 때문에 거래가 많아지고 또 2차 면담, 3차 면담으로 거래를 진전시키게 되어 그 결과 '과도한 스케줄을 처리'하게 된다고도 볼 수 있다. 이것은 '닭-달걀'의 인과관계라고 생

인과관계의 유의사항 ③

닭과 달걀의 관계를 단순한 인과관계로 잘못 인식하는 것

예	과도한 스케줄을 처리하고 있는 우량 벤처
×	과도한 스케줄을 처리한다→우수한 영업 실적을 올릴 수 있다 (단순한 인과관계)
◎	우수한 영업실적을 올릴 수 있는 실력이 있다→거래가 많아지고 2차 면담, 3차 면담으로 진전되는 경우가 많다→과도한 스케줄이 되어 버린다 (닭과 달걀의 인과관계)

각할 수 있다.

여기서의 위험성은 인과관계가 없음에도 불구하고 느닷없이 '과도한 스케줄'을 주된 요인으로 만들어서 오히려 효율성을 없애버리는 경우를 들 수 있다.

사례 ⑮ **인과관계의 유의사항 Part 4**

네 번째 유의사항은 어떤 두 가지 사실 사이에는 상관관계가 존재할 뿐이지 인과관계가 없음에도 불구하고 인과관계가 있다고 생각하는 경우이다. 이것은 두 가지 사실의 공통원인이 되는 제3의 인자가 존재하고 있기 때문에 생겨나는 경우가 많다.

예를 들어 '기술개발에 힘을 기울이는 기업'이라는 사실과 '광고선전비 지출이 많다'는 사실은 인과관계가 있을까? 이것은 인과관계가 성립되지 않는다. 이들 사실은 양쪽 모두 '결과'를 말한다. 그런데 '일반적으로 기술개발에 주력하는 기업은 광고선전비를 많이 지출한다'는 경향이 보여진다면, 이는 인과관계는 아니지만 '상관관계'는 있을지도 모른다. 단, 여기에는 이 두 가지 사실에 공통원인이 되는 제3인자가 있을 것이다.

이러한 제3인자로 '회사의 이익이 늘어난다'가 있다면 여기서 인과관계를 찾아낼 수 있다. 즉, '회사의 이익이 늘어난다'라는 것이 원인이 되어 '기술개발력을 향상시키는 R&D(연구개발)에 투자할 수 있다,' 동시에 '광고선전비로 쓸 수 있는 예산을 잡을 수 있다'고 하는 것이다. 이

인과관계의 유의사항 ④

상관 관계

어떤 한쪽이 변하면 다른 한쪽이 변하는 사물의 관계 (원인, 결과 등에 상관 없음)

인과 관계

'원인'과 '결과'의 논리성이 있는 관계

처럼 원인과 결과가 되는 인과관계가 없는 사실(결과)들을 가지고 문제해결의 대책을 검토하더라도 대책 자체가 설득력이 없는, 알맹이 없는 것이 된다. 이것을 피하기 위해서는 그 배경에 숨어있는 '제3의 인자' 즉, 지금 있는 사실(결과)과 인과관계를 만드는 열쇠가 되는 본연의 원인을 찾아내어 정확한 인과관계를 기초로 문제 해결을 위한 프로세스를 수행하는 것이 무엇보다도 중요하다.

4-4 가설 사고

 가설 사고란 효율적인 정보를 모아 전체상을 파악하기 위한 프로세스로서 수중에 있는 정보를 바탕으로 가설을 세우고 먼저 결론을 내린 다음, 가설을 실증하기 위해 필요한 정보만을 모으는 사고방식이다. 만일 가설이 틀렸을 경우에는 원인을 분석하고 재차 가설을 세워서 실행에 옮긴다. 그저 아무 생각 없이 관련정보를 모으는 것보다는 현실적으로 필요한 정보를 수집할 수 있고 최종적인 결론에 이르기까지 효율적인 사고 프로세스를 실행할 수 있다. 사이토 요시노리는 저서《문제해결의 전문가 '사고와 기술'》(1997년 다이아몬드사) 에서 가설 사고에 대하여 다음과 같이 기술하고 있다.

 '가설 사고란 한정된 시간, 한정된 정보밖에 없더라도 반드시 그 시점에서의 결론을 내리고 실행에 옮기는 것이다. 여하튼 빨리 결론을 내리고 빨리 실행에 옮긴다. 그래서 그 결과를 빨리 검증하여 다음 단계로 진행해 간다. 시시각각으로 변하는 현대사회에서는 스피드가 운명을 좌우한다. 시간이 많이 걸려 치밀한 분석으로 정밀도를 높이는 것 보다는 대강이라도 좋으니 단기간에 일정 수준의 결론

가설 사고

가설사고의 프로세스

❶ 가설을 세운다

❷ 가설에 근거하여 결론을 내린다

❸ 그런 후에 가설을 검증하는데 필요한 정보만을 모은다

을 내리고 행동으로 연결시키는 것이 중요하다.'

더욱이 'dog year'라고 할 정도로 경영환경의 변화가 극심해지는 현대에는 필수불가결한 사고이다. 비즈니스에서는 결과를 내야 한다. '이것저것 지나치게 생각해서 애써 좋은 것을 생각해 내는 동안에 이미 맞지 않는 것이 되어 버린다'는 사태는 비즈니스맨들이 반드시 피해야 한다.

제2부
논리의 정리

제2부 '논리의 정리'에서는 제1부에서 살펴 본 기본적인 사고법을 더욱 세련되게 하여, 보다 효율적으로 종합할 수 있는 중요한 개념과 구체적인 프레임 워크에 대해서 생각해 본다.

5. 'MECE 〈누락없이 중복없이〉'에서는 문제의 해결안에 이르기까지의 전제 조건과 선택 대상을 완벽하게 준비할 수 있는 철칙인 '누락없이 중복없이(MECE)'라는 사고 방법을 배운다. 여기서는 MECE의 사례와 함께 빠지기 쉬운 함정으로 MECE가 되지 않는 세 가지의 사례(①누락은 있고 중복은 없는 경우, ②누락은 없고 중복은 있는 경우, ③누락도 있고 중복도 있는 경우)에 대해서 상세하게 알아본다.

그런 후에 6. '프레임 워크 사고'에서는 MECE를 어떻게 활용할 것인가에 초점을 맞추어 3C와 마케팅의 4P 등, 비즈니스 상에서 이미 MECE의 형태로 표현되어 있는 경영 이론 혹은 프레임 워크를 소개한다.

5. MECE 〈누락없이 중복없이〉

5-1 MECE란?

MECE란 '상호 중복되지 않고 전체를 망라한다(Mutually Exclusive and Collectively Exhaustive)'의 머리글자로서 어떤 사항을 전체 집합으로 생각해서 누락이나 중복이 없는 부분집합으로 나누는 것을 말한다.

과제에 대한 답(결론)을 상대방에게 전달할 때, 그 근거나 방법에 누락, 중복, 착오가 있다면 상대방을 완전히 이해시키고 설득할 수 없다.

예를 들어 여러분이 컨설턴트로서 제조업체 X사의 컨설팅을 담당하고 있다고 하자. X사에서는 이익률이 나빠지는 것을 염려하고 있다. 여러분이 속한 컨설팅팀은 A제품의 매출이익률이 낮은 것을 알고 있다. 그래서 'A제품의 매출이익률을 어떻게 올릴 것인가' 하는 과제에 대해 다음과 같은 답을 제시하였다.

① 단가를 올린다
② 제품을 개량하여 차별화한다
③ 제조원가를 낮춘다

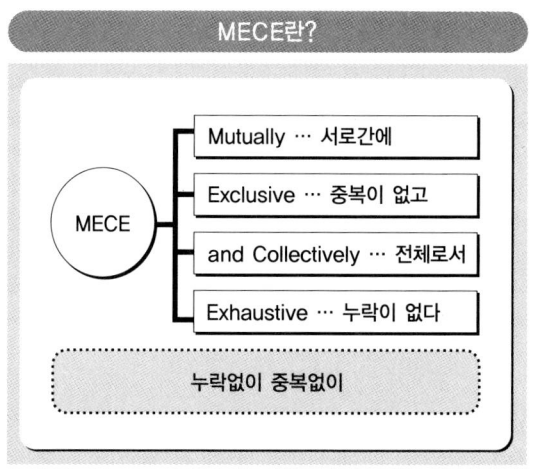

④영업인력의 교섭력을 강화한다

⑤기업 브랜드를 강화한다

이러한 답이라면 누락도 없고 중복도 없는 MECE라고 할 수 있다. 만일 대안 중에 '제품의 광고를 수정한다'가 포함되어 있으면 이것은 매출이익률과는 직접 관계가 없는 문제이기 때문에 주제에서 어긋난다고 볼 수 있다. 또 대안 중에 '원재료의 조달선을 중국의 한 회사로 집중시켜 재료비를 절감한다'는 것이 포함되어 있으면 '③제조원가를 낮춘다'와 내용적으로 중복되게 된다.

5-2 누락은 있고 중복은 없다

여러분이 기업의 신상품 A에 관해서 프로모션을 실시하는 프로모션 총괄책임자라고 하자. 마케팅부장에게 신상품의 특성과 목표고객에게 적합한 프로모션에 대해서 보고를 해야 한다. 그래서 TV, 라디오, 신문, 잡지 등 매스미디어 이외에 옥외광고, DM(Direct Mail), 인터넷 등 매체를 망라해서 자세히 조사하고 각각의 장단점을 근거로 최적의 미디어 믹스를 구축하였다. 또한 프로모션으로서 인적판매에 대해서도 판매조직의 규모, 팀 편성에 이르기까지 최강의 판매조직이 되도록 유의하여 준비하였다.

그런데 이 기획은 '검토를 다시 하라'는 지시를 받았다. 이유는 검토해야 할 모든 선택 대안이 포함되어 있지 않다는 것이었다. 프로모션에는 광고, 인적판매 이외에도 홍보(TV, 신문, 잡지 등의 뉴스, 기사 등 원칙적으로 무료인 공적 미디어를 사용하여 프로모션을 행하는 것), 판매촉진(현상, 경품, 전시회, 쿠폰, 리베이트 등의 수단으로 판매업자, 소비자, 사내 담당자를 대상으로 동기부여 하는 것)과 같은 방법이 있다. 보고서에는 이 두 가지가 누락되어 있고 이를 고려하여 포함시킨다면 보다 좋은 프로모션 믹스가 가능할지도 모른다. 이처럼 '누락'이 있는

「누락」은 있고, 「중복」은 없다

프로모션

- 홍보(TV,신문,잡지 등 무료의 공적인 미디어)
- 판매촉진(현상, 전시회, 쿠폰 등)
- 광고, 인적판매

보고서를 제출한다면 프로모션 총괄책임자로서 소임을 다 하지 못한다고 할 수 있다.

5-3 누락은 없고 중복은 있다

 동경시 중앙구에 본사를 둔 복사기 판매회사 X사의 영업본부장은 중앙구에 있는 영업부서의 지역 배치를 계획하고 있다고 하자. 이 때 그 배치에 맞도록 중앙구를 지역별로 A지구, B지구, C지구로 나누고 목표고객을 압축하여 고객별로 중앙구의 병원, 학교, 변호사사무소, 회계사무소로 구분하여 부서를 편성하였다. 이상의 예에서는 어떤 부서는 중앙구 A지구의 법인을 신규 개척하고, 또 다른 부서는 중앙구에 있는 병원을 모두 신규 개척한다. 그러면 A지구에 있는 병원은 영업부서가 두 번 방문하게 된다. 이것은 담당시장의 중복을 발생시켜서 극히 비효율적인 지역 구분이 된다. 중복을 발생시킴으로써 효율성을 저해하는 전형적인 예라고 할 수 있다.

 기업에서는 지역별, 상품별로 담당을 나누고 혹은 위의 예처럼 고객 형태별로 나누는 방법이 있는데, 복수의 기준으로 동시에 담당을 나누는 경우도 있다. 예를 들어 대규모 조직이라면 상품별 팀과 고객별 팀 쌍방이 존재하는 것이다.

 그런 경우에는 상품별 팀에서는 보다 심도있고 상세한

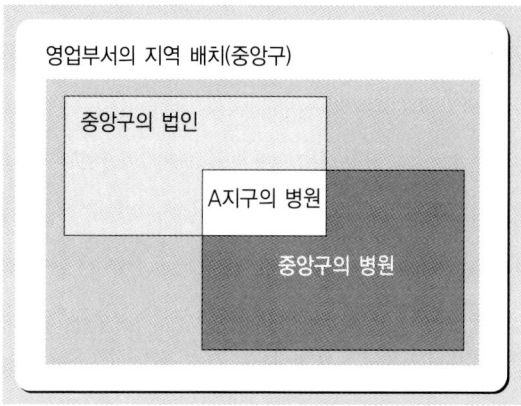

서비스 설명을 하고, 고객별 담당은 종합적인 고객창구로서 명확히 구분된 역할을 담당한다. 즉 고객별 담당과 상품의 전문담당이 한 조를 이루어 고객에게 상품 설명을 하는 형태가 된다. 그렇지만 위의 예처럼 같은 역할을 하는 팀이 중복되어 같은 고객에게 영업을 하는 것은 아주 비효율적인 것이 된다.

5-4 누락도 있고 중복도 있다

 여러분이 A역 근처 주택가에 사는 주민들을 위해 소규모이지만 많은 품목을 제공하는 서점을 시작한다고 생각해 보자. 한정된 점포 공간 내에서 책을 진열하면서, 고객이 원하는 책을 쉽게 찾고 쉽게 집을 수 있고 실제로 구매할 수 있도록 배려해야 한다. 여러분은 아주 의욕적으로 도서의 분야를 취미, 아동, 여행, 스포츠, 성인, 음악, 문학, 패션, 만화, 교육, 요리 등 11가지 코너로 나누었다. 역 앞의 좋은 입지조건 등으로 개점 1개월은 매출이 순조롭게 증가했다. 그러나 3개월이 지난 현재 매출은 정체를 보이고 지금의 매출로는 점포의 임대료나 아르바이트 임금 등의 고정비도 충당할 수 없었다. 매출이 떨어지는 이유를 컨설턴트에게 상담하자 '그것은 품목에 누락과 중복이 있기 때문'이라는 정확한 답을 내놓았다. 우선 누락은 비즈니스 코너나 수험 코너가 없는 것이다. 도심 주택가 역 앞이라는 입지조건이라면 당연히 통근 직장인이나 수험생을 목표고객으로 하지 않을 수 없다. 그러나 여러분의 분류에는 누락이 있어 한 번 방문한 고객은 품목 구분에 만족하지 못해 두 번째 방문을 하지 않았을지도 모른다. 또한 중

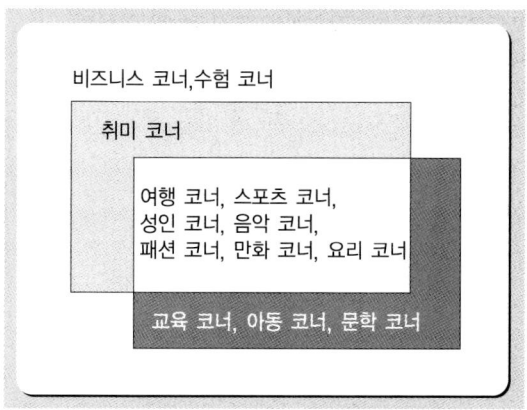

복은 취미 코너이다. 이 코너가 따로 있어서 고객은 원하는 책을 찾기가 아주 어려워졌다. 이처럼 누락, 중복이 있음으로써 비즈니스에는 치명적인 실수가 될 수 있다.

5-5 누락도 없고 중복도 없다 (MECE)

 여러분은 어느 슈퍼마켓 본사에서 점포개발부에 근무하고 있다. 내년도 A지구 신규점포 진출 프로젝트를 담당하는 여러분은 부장으로부터 '고객의 입장에서 고객이 원하는 점포를 기획서에 종합해 달라'는 의뢰를 받았다.

 우선 고객의 관점에서 점포에 방문하여 계산대에서 상품대금을 지불하고 돌아가는 프로세스에서 고객의 행동을 분석하였다. 이 프로세스는 '점포 근처를 지나간다→점포에 주목한다→점포에 들어온다→점포 내를 순회한다→멈춰서 상품을 본다→상품을 선택한다→계산대에서 상품대금을 지불한다→돌아간다'로 되어있고, 어떻게 매력적으로 소구해서 상품을 구입하게 할 수 있는가 하는 관점에서 보고서를 종합했다.

① 점포를 식별할 수 있는 외장과 간판
② 점포 안으로 유도할 수 있는 출입구 및 주차장
③ 점포 안을 오래 걷게 하여, 상품과 고객의 접촉 기회를 늘릴 수 있는 고객의 동선 배치
④ 원하는 상품을 곧바로 찾을 수 있도록 알기 쉽고 보기 편한 선반 구분

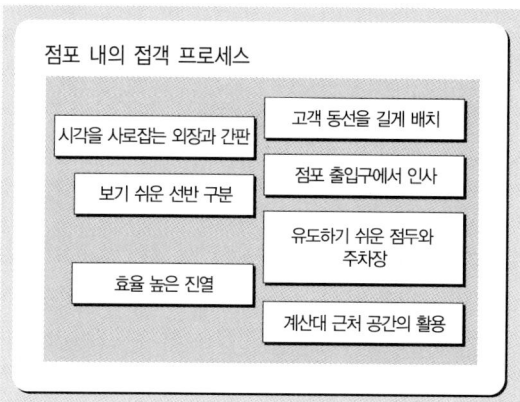

⑤ 상품의 비교가 가능하고 구매를 촉진시키는 진열
⑥ 계산대 근처는 복잡해서 짜증이 나지 않도록 넓은 통로를 확보하고 계산대 앞에는 충동구매를 유발하는 상품 배치
⑦ 점포 출구에서 감사 인사

이상 7가지에 대해서 이해하기 쉽도록 보고서를 작성하였다. 부장 및 담당 임원은 큰 관심을 가지고 거의 이 기획대로 점포설계 프로젝트를 진행하였다. 게다가 이 보고서는 MECE로 되어 있어 누락이나 중복이 없는, 고객에게 있어서도 아주 알기 쉬운 것이었다.

5-6 그룹나누기 〈MECE를 활용한 정보의 정리〉

지금까지 MECE란 누락, 중복이 없는 것으로 누락이나 중복이 있는 경우에는 사물을 이해하기가 아주 어려워지고 동시에 비즈니스를 비효율적으로 만든다는 것을 배웠다. 그러면 MECE(누락없이 중복없이)로 하려면 어떻게 정리하면 좋을까? MECE로 정리하기 위해서는 흩어져 있는 자료를 공통의 속성으로 분류하고 그것들을 묶어내야 할 필요가 있다. 이런 작업을 그룹핑이라고 한다.

《로지컬 싱킹》의 저자인 데루야와 오카다에 의하면 그룹을 만드는 프로세스로 다음의 3가지를 열거하고 있다.

① 도움이 될 만한 정보를 우선 모두 나열해 본다.
② 정보를 몇 개의 그룹으로 분류한다.
③ MECE가 되도록 커다란 누락, 중복, 착오가 없는 것을 확인한다

예를 들어, 식품에 대해서 MECE로 정리해 보자. 피망, 양배추, 귤, 빵, 참치, 호박, 감자, 쌀, 우유, 샐러드 오일, 콩, 닭고기, 달걀, 치즈, 가지, 밀가루, 참기름, 딸기, 고등어, 소고기 등을 그룹으로 분류하자.

① 단백질 : 참치, 우유, 콩, 닭고기, 달걀, 치즈, 고등어,

그룹나누기 : MECE를 활용한 정보관리

그룹나누기의 프로세스

❶ 도움이 될 만한 정보를 모두 열거한다.

❷ 정보를 몇 개의 그룹으로 분류

❸ MECE가 되도록 커다란 누락, 중복, 착오가 없는 것을 확인한다.

출처:데루야 하나코, 오카다 게이코 《로지컬 씽킹》

소고기

②비타민:피망, 양배추, 귤, 호박, 가지, 딸기

③당질:빵, 감자, 쌀, 밀가루

④지질:샐러드 오일, 참기름

이것은 주성분에 따라 그룹나누기를 한 것이다. 그래서 세 번째에는 이 분류에 누락, 중복, 착오가 없는가를 확인한다.

5-7 MECE 다음은 각 항목의 우선 순위 부여

전항까지는 MECE로 정리하는 것의 중요성과 MECE가 되기 위한 정리방법을 배웠다. 그러나 상대에게 가장 먼저 전하고 싶은 내용을 명확히 나타내 줄 필요가 있다. 누락 없고 중복없는 것만으로 지루하게 설명하면 '그래서 당신은 무엇을 말하려는 것인가', '지금 바쁘니까 그런 이야기라면 나중에 해달라'고 할지도 모른다.

중요한 것은 누락이 없다고 해서 설명 항목을 10개, 20개 두어서는 안된다. 전달하는 사람은 자기가 시간을 들여 생각한 것이고 내용을 숙지하고 있기 때문에 '나는 이렇게 빈틈없이 분석했다' 하고 조사한 항목을 모두 상대에게 전달하려고 하기 쉽다. 그러나 듣는 사람은 그러한 것을 바라는 것이 아니라 이해하기 쉬운 요점을 듣기만 하면 된다. 예를 들어 맥킨지사에서는 '3'이 매직넘버가 되어 있다. 세 가지로 정리하고 어떻게 해도 맞지 않는 항목이 있는 경우에는 '기타' 라는 항목을 만들어 듣는 사람에게 정보량을 조정하고 있다.

또 한가지 중요한 것은 MECE로 되어있는 항목에 우선 순위를 부여하여 설명하는 것이다. 예를 들어 '매출을 신

MECE 후에 우선 순위 부여

예 매출을 신장시키는 방안

©A안	기업의 존속과 관련하여, 지금 바로 실행해야 할 필요성이 있는 것
B안	2, 3년 걸려서 천천히 체질개선을 해야 하는 것
C안	중요성은 비교적 작지만, 곧 개선해야 하는 것
D안	중요성이 비교적 작고, 시간도 걸리는 것

장시키는 방안'이라는 과제에 대해서 네 가지의 답을 준비한 경우에, 기업의 존속을 좌우할 정도로 지금 당장 실행해야만 하는 방법과 2~3년 정도 걸려 천천히 체질개선해야 할 것 등이 포함되어 있다. 이 경우 당연히 긴급히 행해져야 하는 방법을 최우선 항목으로 열거하고 장기적으로 행해야 하는 방법은 그 다음에 두어야 한다

사례 ⑯ 그룹나누기의 활용 사례〈데이터 마이닝〉

 그룹나누기를 활용한 사례로 데이터 마이닝이 있다. 데이터 마이닝이란 기업활동 등에서 발생하는 다양한 대용량의 데이터를 통계·수학기법을 이용해서 분석하고 거기서 새로운 패턴을 발견하는 방법이다. 이것은 기업이 마케팅 활동을 행하는 경우에 아주 중요한 의미를 가진다. 예를 들어 '지역에서 운동회가 개최되는 날은 스포츠음료가 팔린다'라든가 '감기가 유행하는 시기에는 요구르트가 팔린다' 등 소비자의 행동과 관련하여 무엇인가와 상관관계를 찾아내는 (마이닝) 것을 들 수 있다.

 데이터 마이닝의 기법에는 몇 가지가 있는데 그 중 클러스터링(군집화) 기법이 그룹나누기를 활용한 사례라고 할 수 있다. 클러스터링이란 서로 다른 성질의 것들이 혼합되어 있는 집단에서 서로 유사한 것을 모아 군집(이것을 클러스터라고 함)을 만들어서 대상을 분류하는 방법이다.

 예를 들면, 카레 전문점에서 방문 고객들에게 앙케이트 조사를 하였다. 앙케이트 질문 내용은 '카레 전문점을 평가할 때 당신은 어떤 점을 중시하십니까?' 하는 것이었다. 그래서 답변의 선택 내용에는 매운 정도, 진한 정도,

그룹나누기의 활용 사례(데이터 마이닝)

예 카레 전문점의 평가에서 당신이 중요시하는 것은 무엇인가?

> 답변의 선택 내용:매운 정도, 진한 정도, 양, 맛, 색, 메인 메뉴의 수, 토핑의 다양성, 조리시간, 접객, 가격, 좌석의 경도, 음료대의 유무, 반찬의 무제한 제공, 분위기 (복수 선택 가능)

> 맛, 양, 편안함이라는 공통성으로 고객을 분류 (클러스터링) 가능

양, 맛, 색, 메인 메뉴의 수, 토핑의 다양성, 조리시간, 접객, 가격, 좌석의 딱딱함, 음료대의 유무, 반찬의 무제한 제공, 분위기 등이 있고 복수의 답변이 가능한 질문지이다. 이러한 조사에서 클러스터링을 하면 예를 들어 맛, 양, 편안함 등의 공통성으로 고객을 분류할 수 있다.

6. 프레임 워크 사고

6-1 프레임 워크 사고

실제로 MECE를 문제 해결이나 커뮤니케이션에서 어떻게 구축하고 활용하면 좋을까? 이 질문에 대해서 그 답을 MECE에서 논리적으로 이끌어내기 위한 편리한 도구로서 많이 사용되는 구조(프레임 워크) 가 있다.

주관적인 판단이 되기 쉬운 일상의 의사결정에서 항상 누락이 없고 중복이 없는 정보를 모아서 비교, 분석, 판단 할 수 있도록 자기 나름대로 그 프레임 워크를 만드는 것은 대단히 중요하고 유익한 프로세스가 된다. 그렇지만 경영상 필요한 정보수집이나 분석, 의사결정을 하기 위한 데이터를 가장 효율적으로 정리하는 프레임 워크는 이미 존재하고 있다. 그런 것은 예를 들면 '장점과 단점', '질과 양' 과 같은 기본적인 것에서부터 경영전략이나 마케팅, 회계, 인사조직, 기업재무 등에서 특별히 사용되고 있는 프레임 워크도 있다.

예를 들어, 경영전략에서는 PPM이나 경쟁우위의 세 가지 기본전략, 다섯 가지의 경쟁요인(Five Forces), 어드벤티

프레임 워크 사고

프레임 워크

질문에 대해서 그 해답을 MECE로 논리적으로 이끌어 내기 위한 도구로서 사용되는 구조

예

경영전략에서는 PPM이나 경쟁우위의 세 가지 기본전략, 다섯 가지 경쟁요인("Five Forces"), 어드벤티지 매트릭스, 가치사슬, 마케팅에서는 제품수명주기, 4P 등, 기업재무에서는 밸런스 스코어카드(BSC) 등

지 매트릭스, 가치사슬, 마케팅에서는 제품수명주기, 4P 등, 기업재무에서는 밸런스 스코어카드(BSC) 등을 들 수 있다. 이처럼 목적에 대응해서 필요한 프레임 워크를 사용함으로써 적절한 의사결정의 재료를 준비할 수 있다.

다음 항에서부터는 대표적인 프레임 워크를 개별적으로 검토하여 매일매일의 의사결정에 도움이 되도록 해보자.

6-2 3C

　기업의 현상 분석에서 기본으로 되어있는 것이 '3C'이다. 여기서는 사업전체의 현상을 크게 고객 "Customer", 경쟁 "Competitor", 자사 "Company"로 구분하고 각각의 분석을 해나간다.

　예를 들면, 'A 슈퍼의 현상을 설명하라'는 과제가 있다고 하자. 그래서 우선은 지점의 상권 상황을 시장의 동향과 고객의 동향으로 설명하고 다음으로 경쟁 슈퍼의 전략을 설명하고 마지막으로 자기 점포의 상황……등으로 파악했다.

　이 세가지를 완벽히 파악해 둠으로써 MECE로 자사의 경영환경의 현상을 분석할 수가 있다.

　구체적으로는 세 가지 각각을 자사에 있어서의 긍정적 요인과 부정적 요인으로 분류한다. 고객 "Customer", 경쟁 "Competitor"은 기업의 외부환경에 해당하는데 자사에 있어서의 긍정적 요인을 기회, 부정적 요인을 위협으로 파악한다. 그리고 자사 "Company"라는 내부 환경의 분석에 있어서 긍정적 요인을 강점, 부정적 요인을 약점으로 파악한다. 여기에서 아주 상세한 현상 분석을 할 수가 있

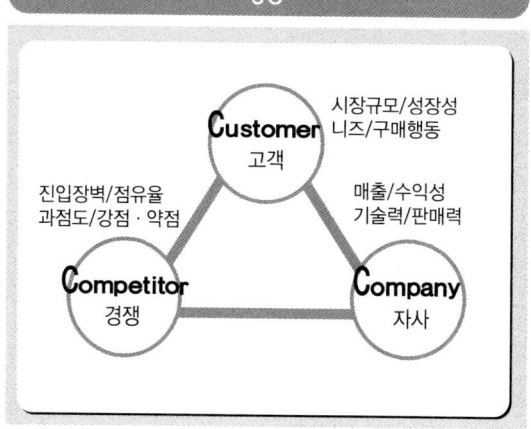

다. 예를 들어 시장에 대해서는 시장의 규모, 성장성, 시장의 니즈 등에 대해서 분석한다. 경쟁에 대해서는 업계의 매력도, 경쟁사의 전략·고객·제품 등과 신규 진입의 정도 등을 분석한다. 자사에 대해서는 자사의 경영체질, 기술력, 상품력, 재무력, 마케팅력, 인재 등을 분석한다.

6-3 가치사슬 (Value Chain)

【가치사슬이란?】

　제품이 최종 소비자에게 이르기까지 부가가치를 창출하는 과정을 말한다. 이 프레임 워크를 사용함으로써 구매에서 서비스까지 일련의 활동에 있어서 타사와의 우열을 나타내는 부분과 그 원인을 해명할 수 있다. 즉 사물의 처음부터 끝까지 일련의 활동을 파악하는 것이 가능하기 때문에 MECE가 된다.

【가치사슬의 아홉 가지 가치창조활동】

　가치사슬 모델은 경쟁우위를 만들어내는 원천이 어떤 구조로 되어있는가를 보여주기 위해, 활동을 아홉 가지의 가치창조활동으로 나누어서 나타낸 것이다. 다섯 가지의 주요활동(①구매물류 ②제조 ③출하물류 ④판매와 마케팅 ⑤서비스)과 네 가지의 지원활동(①조달활동 ②기술개발 ③인사·노무관리 ④전반관리〈인프라〉) 으로 나누어진다.

　기업은 각각의 가치창조활동에 대해서 비용과 성과를 정밀히 조사하고 경쟁회사와 비교를 통해서 개선점을 탐색해야 한다. 그리고 항상 이노베이션에 힘을 기울여 조금

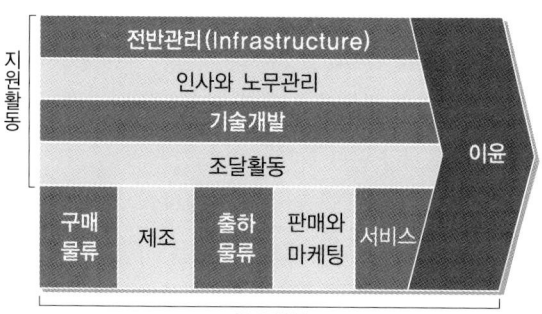

출처: 마이클 포터 《경쟁우위의 전략》

이라도 타사와의 경쟁우위성을 확보할 수 있는 차별성을 창출해야 할 필요성이 있다.

또한 이 프레임 워크는 신규사업을 개발할 때, 협력기업과의 제휴를 구축할 때에도 중요한 정보를 얻을 수 있다. 더욱이 이 프레임 워크에 정보기술을 활용해서 가치사슬 전체의 이노베이션을 초래하는 공급가치사슬관리도 중요한 개념이다.

6-4 마케팅의 4P

 어떤 고객을 타깃으로, 자사가 목표하는 포지션이 명확해지면 그 목표에 대해서 상품과 서비스를 어떻게 제공할 것인가를 생각해야 한다.

 이럴 때 유효한 프레임 워크가 마케팅의 4P(제품, 가격, 프로모션, 판매채널) 이다. 이 4P로 생각하는 이상, 마케팅에서 고려해야 할 포인트는 염려할 필요가 없게 된다. 이것은 마케팅 믹스로 말하면 표적 고객에 대해서 다음과 같이 기업이 통제할 수 있는 다양한 수단을 조합하는 것이다.

 (1) 제품 전략

 결정된 표적 시장에 대해서 기업이 어떤 제품군을 취급해야 할 것인가를 설정한다. 또한 취급 제품의 폭, 깊이 등의 품목에 대해서도 설정한다.

 (2) 가격 전략

 제품의 가격 설정은 고객에게 가치를 표시하는 측면과 이익을 직접 창출하는 두 가지 측면이 있다. 이처럼 중요한 역할을 하는 가격 전략의 설정을 행한다.

 (3) 채널 전략

 채널 전략에서는 제품을 최종소비자에게 이르게 하기

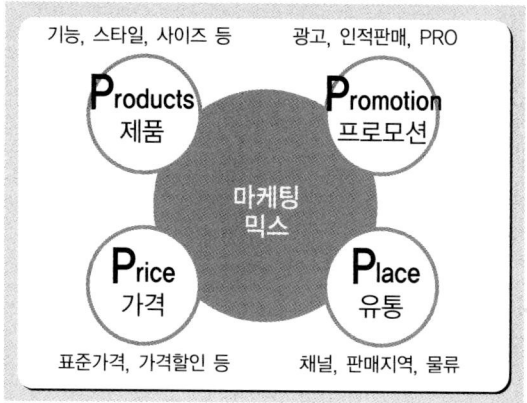

위해 어떤 경로(유통업자)를 이용하면 가장 효율적인가를 설정한다.

(4) 프로모션 전략

오늘날 다양화되는 미디어 등을 통해서 소비자에게 제품을 PR하는 최적의 수단에 대해서 설정한다.

6-5 사업 포트폴리오

규모가 큰 대기업이라도 자사의 경영자원은 한정되어 있기 때문에 복수의 사업을 최적으로 조합해서(사업 포트폴리오), 경영자원을 유효하게 배분할 필요가 있다. 이 최적화의 사고방식이 제품 포트폴리오 매트릭스(PPM) 이다.

PPM은 가로축에 '상대적 시장점유율'의 높고 낮음을, 세로축에 '시장의 성장률'의 높고 낮음을 두어 매트릭스를 만든다. 그림과 같이 각 사상에는 다음과 같은 특징이 있다.

① 돈을 맺는 나무 : 상대적 시장점유율이 높기 때문에 자금의 유입이 크고, 시장성장률이 낮아서 자금의 유출은 작아지게 된다.
② 인기 사업 : 상대적 시장점유율이 높기 때문에 자금의 유입은 크지만, 시장성장률이 높아서 자금의 유출도 크게 된다.
③ 문제아 : 상대적인 시장점유율이 낮기 때문에 자금의 유입은 적고, 시장성장률이 높아서 자금의 유출은 크게 된다.
④ 싸움에서 진 개 : 상대적 시장점유율이 낮기 때문에 자

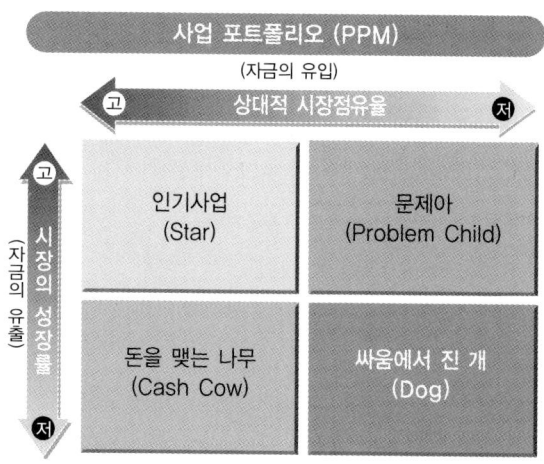

금의 유입이 적고, 또 시장성장률이 낮아서 자금의 유출도 적다.

PPM에 의한 사업믹스는 ①돈을 맺는 나무에서 얻어지는 현금을 ②문제아 투자에 충당하고 이 ②문제아를 ③인기사업으로 육성해서, 적극적으로 투자를 하고 시장점유율을 높여 장래에는 ①돈을 맺는 나무로 성장시키는 방식이 이상적이다.

사업을 분류하는 경우에 이 4가지의 사상에 반드시 해당하게 되어 MECE로 정리할 수 있다.

6-6 업계분석 'Five forces analysis'

'다섯 가지 경쟁요인 분석'은 업계의 매력도를 측정하기 위한 프레임 워크이다. 이 프레임 워크에서는 '다섯 가지 경쟁요인'이 종합적으로 어떻게 작용하는가에 따라 업계의 매력도(수익성)나 그 업계의 경쟁상태를 파악할 수 있다. 예를 들어, 강력한 경쟁회사가 전혀 없다고 해서 어떤 업계에 진입해서 곧바로 '승리한다'고 할 수는 없다. 강력한 경쟁이 없는 것은 단순히 진입장벽이 높기 때문일지도 모르는 일이다.

 (1) 업계내의 기존 경쟁 : 업계내의 경쟁이 격심해지는 것은 ①경쟁자가 많은 경우 ②제품의 차별화가 어려운 경우 ③업계의 성장률이 낮은 경우 ④사업을 철수할 때 장벽이 높은 경우.

 (2) 신규진입의 위협 : 신규진입이 용이한 것은 ①투하자본이 소액인 경우 ②법적 규제가 적은 경우 ③기술상의 장벽이 낮은 경우 ④유통채널의 접근 등 마케팅 장벽이 낮은 경우.

 (3) 대체품의 위협 : 대체품이 위협이 되는 때는 ①대체품의 비용대비 성과가 높은 경우 ②종래와는 다른 공급체

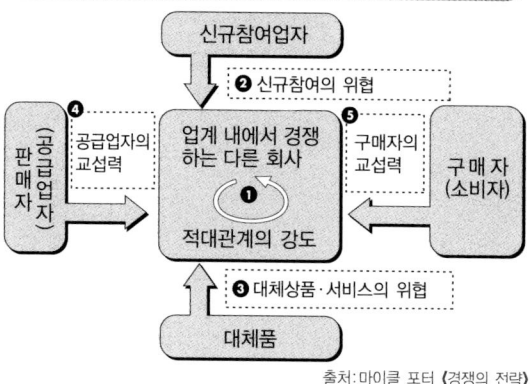

출처:마이클 포터 《경쟁의 전략》

제가 구축된 경우.

(4) 공급업자의 교섭력:판매자의 교섭력이 위협이 되는 것은 ①대체품이 없는 경우 ②공급자가 적은 경우 ③구매하는 제품이 자사에 있어서 핵심이 되는 제품인 경우 ④공급업자에게 자사가 중요한 거래선이 아닌 경우.

(5) 구매자의 교섭력:구매자의 교섭력이 위협이 되는 것은 ①대체품이 많은 경우 ②구매자가 적은 경우 ③구매자의 구입량이 많은 경우 ④구매자의 정보량이 많은 경우 등을 생각할 수 있다.

6-7 포터의 세 가지 기본전략

하버드 비즈니스 스쿨의 마이클 E. 포터는 타사와의 경쟁우위를 구축하기 위해서는 세 가지의 기본전략이 있다고 주장하였다.

(1) 코스트 리더쉽 전략 : 경쟁사보다 낮은 비용을 실현시킴으로써 경쟁우위성을 확보하는 전략을 말한다. 비용을 낮추는 수단으로는 규모의 경제 추구, 경험 곡선의 이용이 있다. 규모의 경제 추구란 생산과 판매 규모를 확대하여 단위 당 비용을 낮추고 이익률을 높이는 것이다. 경험 곡선이란 어떤 제품에 대해서 누적생산량이 많아질수록 그 제품의 단위 당 비용이 낮아지는 것을 말한다.

(2) 차별화 전략 : 제품과 서비스를 철저하게 차별화하여 고객에게 그 차이를 이해시킴으로써 경쟁우위성을 확보하는 전략을 말한다. 제품차별화에 의해 제품의 고가격을 유지하는 것이 목적이다. 동시에 차별화 전략에서는 무엇을 하지 않는가도 중요한 전략의 하나다. 경쟁사의 대다수가 행하고 있는 것을 전혀 실행하지 않는 것도 차별화 전략의 하나가 된다.

(3) 집중 전략 : 선택한 특정 핵심 범위에 특화하여 사람,

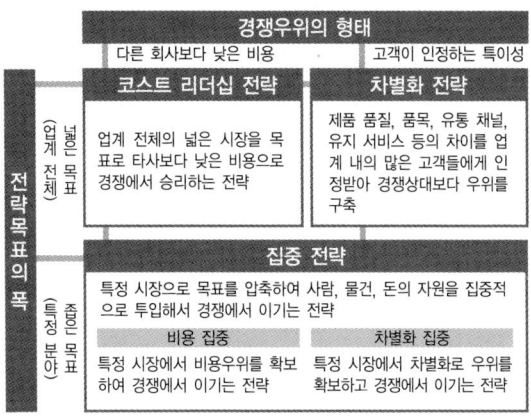

출처: 마이클 포터 《경쟁의 전략》

물건, 돈, 정보 등 경영자원을 투입하여 경쟁우위성을 확보하는 전략을 말한다. 집중 전략에는 특정의 제품, 서비스에 대해서 철저히 비용삭감을 행하는 '비용 집중'과 철저히 차별화를 행하는 '차별화 집중'이 있다.

기업의 경쟁전략(어떻게 경쟁사와 차별화를 도모할 것인가)을 고려할 경우, 누락 없이 중복 없이 생각하는데 유효한 프레임 워크이다.

6-8 SWOT분석

경영전략수립의 제1단계로서 경영환경을 분석할 필요가 있는데 그 기법 중에 SWOT분석이 있다. 이것은 우선 경영환경을 세로축은 외부환경과 내부환경(경영자원) 으로 나누고, 가로축은 긍정적 영향과 부정적 영향으로 나누어 매트릭스를 만들어 자사의 환경을 객관적으로 분석한다. 매트릭스는 다음과 같이 된다.

① 강점(Strength) : 내부 환경(자사 경영자원) 의 강점
② 약점(Weakness) : 내부 환경(자사 경영자원) 의 약점
③ 기회(Opportunity) : 외부 환경(경쟁, 고객, 거시 환경 등) 에서의 기회
④ 위협(Threat) : 외부 환경(경쟁, 고객, 거시 환경 등)에서의 위협

이들 네 가지를 정리한 후에 다음 그림과 같은 매트릭스를, 그리고 다음과 같은 공격과 수비의 전략을 구체화해 나간다.

① 자사의 강점으로 차지할 수 있는 사업기회는 무엇인가?
② 자사의 강점으로 위협을 회피할 수는 없는가? 타사에는 위협이 되지만 자사의 강점으로 사업기회가 될 수는 없는가?

SWOT분석

	긍정적인 영향	부정적인 영향
외부환경	기회 (O)	위협 (T)
내부환경	강점 (S)	약점 (W)

	기회(Opportunity)	위협(Threat)
강 점 (Strength)	(1)자사의 강점으로 차지할 수 있는 사업기회는 무엇인가?	(2)자사의 강점으로 위협을 회피할 수는 없는가? 타사에는 위협이 되지만 자사의 강점으로 사업기회가 될 수는 없는가?
약 점 (Weakness)	(3)자사의 약점으로 사업기회를 잃지 않기 위해서는 무엇이 필요한가?	(4)위협과 약점이 합쳐져서 최악의 사태를 초래하지 않기 위해서는 무엇이 필요한가?

③자사의 약점으로 사업기회를 잃지 않기 위해서는 무엇이 필요한가?

④위협과 약점이 합쳐져서 최악의 사태를 초래하지 않기 위해서는 무엇이 필요한가?

이처럼 공격의 관점과 수비의 관점에서 환경을 누락 없고 중복 없게 분석하여 외부 환경과 내부 환경의 융합을 도모하고 전략 대체안을 찾아나간다.

6-9 7S

 경영전략을 실행할 때는 중요한 프레임 워크로서 매킨지사의 '7개의 S'라는 사고방식이 효과적이다. 전략을 수립했더라도 조직이나 사내시스템과 정합성을 가지고, 또한 사원들의 공감대나 사원의 기술 등이 구비되어 있지 않으면 확실히 실행할 수 없게 된다. 7개의 S는 다음의 3개의 하드 S와 4개의 소프트 S로 이루어져 있다.

【3개의 하드 요인】

① 조직(Structure) : 조직의 형태를 어떻게 할 것인가?, 권한 분장을 어떻게 할까?

② 전략(Strategy) : 사업의 경쟁우위성을 유지, 확보하기 위한 강점은 무엇인가?

③ 사내시스템(System) : 프로세스나 보고 양식은 무엇을 중시하는가?

【4개의 소프트 요인】

④ 인재(Staff) : 우수한 인재를 채용, 교육하고 적재적소에 업무를 맡기고 있는가?

⑤ 기술(Skill) : 전략 수행에 필요한 전문기술은 가지고 있는가?

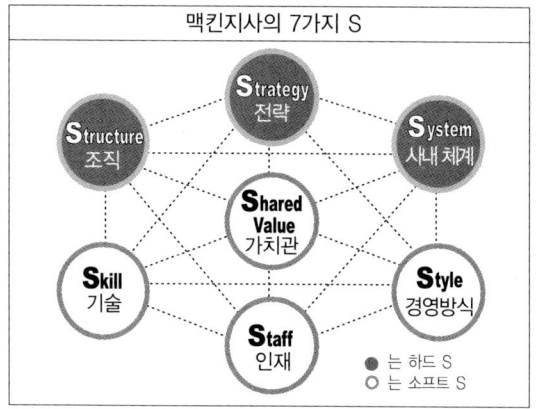

⑥ 경영방식(Style): 종업원이 공통의 행동과 발상형태를 가지고 있는가?

⑦ 가치관(Shared Value): 종업원이 동일한 가치관과 사명감을 공유하고 있는가?

하드의 S에 비하여 소프트의 S는 쉽게 변하기 어렵기 때문에 이것을 고려하여 실행 계획을 세우는 것이 중요하다.

6-10 밸런스 스코어 카드(BSC)

경영의 평가 지표는 재무제표에 기재되어 있는 숫자만은 아니다. 재무지표만으로 편중되어 있는 평가를 혁신시킨 새로운 업적평가 시스템으로서 1992년 카플란과 노턴에 의해 제창된 것이 밸런스 스코어 카드(BSC) 이다.

BSC란 '재무적 관점'에 '고객의 관점', '사내 비즈니스 프로세스의 관점', '학습과 성장의 관점'등 4가지의 관점으로 재무적 업적에 큰 영향을 주는 지표(중요업적지표 KPI : Key Performance Index)를 설정하고, 그 향상을 평가하는 프레임 워크이다.

BSC로 설정된 지표는 재무적 지표와 비재무적 지표의 관련성을 정량적으로 명확히 하는 것으로 다음과 같은 가치사슬을 만드는 것을 도와준다.

[- 고객만족도와 영업의 효과를 꾀하기 위해서 법인영업의 프레젠테이션 연수를 실시]

↓

[- 보다 효율적으로 납득할만한 제안을 가능하게 하여 고객의 시간을 절약]

↓

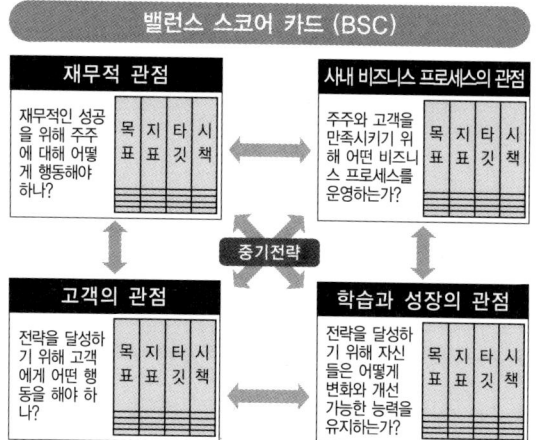

[− 고객의 신뢰를 얻어 고객상담이 늘어난다]

↓

[− 고객만족이 로열티 향상을 초래하고 타 부서와 다른 회사에 소개]

최종적으로는 매출향상이나 수익확대 등 재무적 지표에 연결되지만 중요한 것은 거기에 이르기까지의 프로세스 상에서 고객만족도 등의 지표를 이용하여 연속성의 관계를 검증할 수 있는 점이다.

밸런스가 잡힌 지표로 업적을 살펴볼 수 있고, MECE라고 할 수 있다.

6-11 효율과 효과

 비즈니스맨은 시간에 쫓기며 일을 한다. 그래서 한정된 시간 내에 성과를 내야 한다. 예를 들면, 당신이 경쟁사인 A사에 대해서 1주일이라는 한정된 시간에 상세한 내용의 리포트를 제출해야 하는 경우를 상정해 보자.

 당신은 보고서를 종합하기 전에 많은 양의 데이터를 처리해야 한다. 하나씩 살펴 본다면 2개월 이상 걸릴지도 모른다. 따라서 어느 정도의 가설에 입각해서 적당한 데이터를 찾았다. 그리고 점점 제출 기한이 다가왔다. 비즈니스맨의 룰은 제출기한 만은 꼭 지켜야 한다. 당신은 보고서의 내용을 완벽하게 하기 위해서 분석 시간이 필요하지만 기한의 제약으로 효율성을 추구해야 한다. 이 경우 효율과 내용(효과) 은 상쇄효과(트레이드 오프) 의 관계에 있다고 말한다. 하나의 사항에 대해서 효율과 효과라는 두 가지 관점으로 언급하는 것은 MECE로 정리하는데 대단히 효과적이다.

 예를 들면, 레스토랑의 서비스 제공 형태로 셀프 서비스 방식을 사용한다고 하자. 이 경우에는 효율 추구를 의미하고 있지만 동시에 고객만족(효과) 도 고려해야 한다. 서비스

효율과 효과

예: 리포트의 제출

효율: 시간 내에 끝내기 위해서 효과적인 데이터 수집, 분석을 실시

⇅ 트레이드 오프

효과(내용): 시간을 더 들이면 완벽한 데이터 수집, 분석이 가능

에 대한 불만이 나온다면 셀프 서비스 채택은 실패한 것이다. 그만큼 가격을 낮추는 등 고객의 니즈를 충족시키기 위해 효율과 효과 양쪽에서 검토해야 한다.

6-12 질과 양

'질'과 '양'으로 분류하는 것도 MECE와 같은 모양이다.
[예] 당신은 영업부의 매니저이다. 당신은 상사인 영업부장에게 다음과 같은 말을 들었다. '최근 매출이 정체된 원인은 영업인력에 문제가 있다고 하는데, 관리부의 데이터에 의해서 명백해졌다. 구체적으로 현상의 영업인력의 문제점을 열거해 보라', 그리고 '다음주 월요일까지 리포트를 제출하라.' 이제 당신은 어떻게 이 리포트를 종합하면 좋을 것인가?

정리하는 한 예로 '질'과 '양'이라는 방법으로 정리해보자.

인적 판매의 문제점은 크게 나누어 두 가지가 있다. 그것은 영업인력의 질적인 부족과 양적인 부족이다.

(1) 질적인 부족
①기본적인 접객 매너가 되어 있지 않다
②고객의 니즈를 이해하는 제안영업이 되지 않는다
③시간을 사용하는 방법이 비효율적이다
(2) 양적인 부족
①A지역을 담당하는 영업인력이 부족하다

질과 양	
예	인적 판매의 문제점
질적인 부족	❶ 기본적인 접객 매너가 되어 있지 않다
	❷ 고객의 니즈를 이해하는 제안영업이 되지 않는다
	❸ 시간을 사용하는 방법이 비효율적이다
양적인 부족	❶ A지역을 담당하는 영업인력이 부족하다
	❷ 캠페인을 벌이는 사람의 수가 부족하다
	❸ 말단의 영업맨을 종합적으로 지휘 명령하는 매니저의 수가 부족하다

②캠페인을 벌이는 사람의 수가 부족하다

③영업인력을 종합적으로 지휘 명령하는 매니저의 수가 부족하다.

이와 같이 종합하면 아주 말끔해지고 MECE가 된다. 그래서 구체적인 항목을 다시 분해하고 더욱 구체적인 항목으로 나누어간다.

6-13 사실과 가치

H. A. 사이먼은 경영상의 의사결정을 할 때는 두 가지의 전제를 검토해야 한다고 주장하였다. 그 두 가지 전제는 사실전제와 가치전제이다. 사실전제란 기술, 정보, 지식 등 의사결정을 하는데 적합한 전제가 되는 사실로, 이것은 객관적으로 파악할 수 있다. 또한 가치전제란 개인적인 주관, 판단, 가치 등 의사결정을 내리는데 적합한 전제가 되는 가치로서 객관적으로 파악할 수 없는 것이다.

결론을 내릴 때에 그 근거를 깊이 생각해 보면 '사실'이든지 '가치(판단)'든지 둘 중 하나가 된다. 그런 의미에서 누락도 없고 중복도 없는 MECE가 된다고 할 수 있다.

예를 들어, 자사에 대한 경영분석을 실시하는 경우에 '자사는 돈을 벌고 있다'는 결론을 내렸다고 하자. 그리고 그 근거를 생각해 보면 사실과 가치(판단)로 구분할 수 있다. '총자본 경상이익률이 동업 타사의 평균과 비교하여 높기 때문에'라는 근거는 사실이라고 할 수 있다. 또 '자사는 타사보다 먼저 공급사슬관리를 실시하여 발주에서 납품까지의 대기시간을 크게 단축하였기 때문에'라는 것은 가치(판단)라고 할 수 있다. 이렇게 정리하는 것도

사실과 가치

예 자사에 대한 경영분석을 실시→ 결론 '자사는 돈을 벌고 있다'

> 근거를 고려하여 사실과 가치(판단)로 구분

사실
「총자본 경상이익률이 동업 타사의 평균과 비교하여 높기 때문에」

가치(판단)
「자사는 타사보다 먼저 공급사슬관리를 실시하여 발주에서 납품까지의 대기시간을 크게 단축하였기 때문에」

MECE라고 할 수 있다.

여기서는 정확한 사실을 파악하고 거기서 끝나는 것이 아니라 그 가운데서 가치를 읽어냄으로써 자사의 경쟁우위성을 깊이 분석할 수 있다.

6-14 장점과 단점

 이것은 당연하다. 우리들이 평상시에 아무 생각 없이 행하는 의사결정은 항상 장점과 단점을 생각하고 저울에 달아 비교해 본 후에 결단을 내리는 것이다.

 [예] '기업 광고를 어느 매체에서 실시해야 하는가에 대한 보고서를 제출'

 기업 광고를 실시하는 매체는 여러 가지를 생각할 수 있다. 그 중에서 자사의 제품 특성, 목표 고객, 예산액 등에 맞는 미디어를 선택해야 한다. 또 미디어에도 대중에 대해 소구하는 것과 소비자 하나하나에 대해 개별적으로 메시지를 전달하는 것이 있다. 각각은 좋은 점과 나쁜 점이 있으니 목적에 맞게 사용하는 매체의 조합이 필요하다. 이 경우는 각 매체의 장점과 단점을 정리하는 것이 MECE가 되어 듣는 사람이 이해하기 쉽도록 해야 한다.

 (1) 전화
 〈장점〉 시청자의 선택성 · 융통성, 개인적 · 쌍방향성
 〈단점〉 번거로움, 귀찮게 되면 이미지 악화로 연결
 (2) TV
 〈장점〉 영상, 음성, 움직임에 의해 시청자의 감각에 소구

장점과 단점

예		「기업광고를 어느 매체에 할 것인가?」
전화	장점	시청자의 선택성·융통성, 개인적·쌍방향성
	단점	번거로움, 귀찮게 되면 이미지 악화로 연결
TV	장점	영상, 음성, 움직임에 의해 시청자의 감각에 소구 가능
	단점	고비용, 시청자를 선별할 수 없음
잡지	장점	지역별, 속성별 선별성이 높음, 사회적 신용, 고품질의 인쇄
	단점	광고가 나오기까지 경과시간이 김, 고비용

가능

〈단점〉 비용이 많이 들고 시청자를 선별할 수 없음

(3) 잡지

〈장점〉 지역별, 속성별 선별성이 높음, 사회적 신용, 고품질의 인쇄

〈단점〉 광고가 나오기까지 경과시간이 김, 고비용

이와 같이 각 항목에 대해서 MECE로 정리하는 것이 가능하다.

6-15 시간축 ① 〈단기, 중기, 장기〉

기업의 경영계획에도 단기 경영계획, 중기 경영계획, 장기 경영계획이 있다. 이처럼 시간을 축으로 잡는 것도 MECE로 정리할 때는 유용한 수단이 된다.

예를 들어, 당신이 경영컨설턴트로서 어떤 기업에 대해 경영전략안을 제안하는 장면을 상정해 보자. 우선 당신은 기업의 장래 전망으로 기업을 둘러싼 시장 동향과 경쟁 상태, 정치·경제 환경 등의 동향을 예측하고 10년 후 기업의 위상(장기 전략) 을 제시한다.

그리고 다음으로 기업이 10년 후에 그런 위상으로 변신하기 위해서는 3년 후, 5년 후에는 어느 단계까지 성장해야 하는가(중기 전략) 를 제시한다. 그리고 그 단계에 도달하기 위해 견실하고 착실하게 중기적으로 해결해야 하는 방책을 제시한다.

다음으로 당신은 향후 1년간의 기업의 방향성을 제시한다. 그것을 실현하기 위해서는 무엇을 해야 하는가, 나아가서는 지금부터 구체적으로 무엇을 해야 하는가(단기 전략) 를 명백히 한다.

이처럼 단기, 중기, 장기 라는 시간축을 사용하여 MECE

시간축 ① (단기 · 중기 · 장기)

예	경영전략안

① 기업의 미래를 전망하고 기업을 둘러싼 시장 동향이나 경쟁 상황, 정치 등의 동향을 예측하여 10년 후 기업의 위상(장기 전략)을 제시

② 다음으로 기업이 10년 후 그런 위상으로 변신하기 위해서는 3년 후, 5년 후까지 어떤 단계로 성장해야 하는가(중기 전략)를 제시

③ 마지막으로 향후 1년간 기업의 방향성을 제시한다. 그것을 실현하기 위해서는 무엇을 해야 하는가, 지금부터 구체적으로 무엇을 해야 하는가(단기 전략)를 명확하게 한다.

로 정리할 수 있다.

다만 시간축에서는 단기, 중기, 장기 각각의 항목이 연결되어 있기 때문에 각 항목에서 서술하고 있는 것들이 서로 정합성을 가지고 있어야 한다.

6-16 시간축 ② 〈과거, 현재, 미래〉

경영분석은 기업의 상태를 다양한 자료, 데이터를 가지고 분석하고 그 기업의 문제점을 찾아내는 기법이다. 기업의 데이터는 대차대조표, 손익계산서, 현금흐름표 등을 이용하는데 어떻게 분석해야 할 것인가?

통상은 주주에게 보내지는 주주총회의 소집통지나 사업개황설명서, 유가증권보고서, 혹은 회사의 계간지 등의 데이터를 기초로 분석하는데, 금번 기간의 데이터만으로 분석을 하는 것은 완전한 형태(MECE에 기초한 형태)로 실행하는 것은 아니다.

적어도 절대치로서 매출이 많다, 적다, 이익이 많다, 적다 등을 다른 회사나 업계 평균과 비교하여 검토해야 한다. 금년의 평가를 하기 위해서는 '작년보다 어느 정도 매출 혹은 이익이 늘어났는가', 혹은 '작년보다 10% 향상되었지만 과거 5년간의 평균 신장률이 35%라면 금년의 결과는 예년에 비해 대략 15% 떨어진 수치'라는 분석이 필요하다. 이와 같이 과거와 현재만이 아닌, 미래의 관점이 보다 중요하다. 매출, 이익의 절대값은 올랐다고 하더라도 그 신장률이 감소하고 있으면, 예년보다 '무엇인가 변하

시간축 ② (과거 · 현재 · 미래)

예	업적의 평가

금년의 평가를 하기 위해서는, 과거와의 비교, 그리고 장래의 관점을 포함하여 예측

신장률의 감소

「무엇이 변하고 있는가」, 「개선 가능한가」, 「가능하다면 언제, 어떻게 해야 하나」, 「개선이 불가능하다면 언제 적자로 전락하게 되는가, 그 전에 사업을 축소 또는 철수해야 하는가」, 「축소한다면 언제 어느 정도 축소해야 하는가」

고 있다'는 것이고 그 '무엇인가'를 조기에 찾아내어 '개선이 가능한가', '가능하다면 언제, 어떻게 해야 하나'를 검토하고 또 반대로 '개선이 불가능하다면 언제 적자로 전락하게 되는가, 그 전에 사업을 축소 또는 철수해야 하는가', '축소한다면 언제 어느 정도 축소해야 하는가', 등 '과거, 현재, 미래'라는 시계열의 분석이 경영분석에서는 반드시 필요하다.

제3부
결과(Output)의 활용

제3부 '결과의 활용'에서는 지금까지 제1부 '논리의 기초'에서 다루었던 기본적인 논리전개 방법과 사고법, 그리고 제2부 '논리의 정리'에서 살펴본 MECE에 의해 사물을 정리하는 방법 및 그 도구로서 경영적 프레임 워크를 종합하여 최종적인 결과(output)로서 활용하기 위한 방법론을 배운다.

7. '로직 트리'에서는 전장까지 배운 법칙을 적용시키면서 원인 규명과 문제 해결이라는 두 가지 로직 트리에 대해 다루고 최종적으로 해답을 도출하기 위한 사고방식을 설명한다.

8. '피라미드 사고'에서는 논리적인 설명을 '문서'로 설명하기 위한 도구로서 피라미드 구조를 소개하고 어떻게 읽는 사람이 이해하기 쉽고 효율적인 설명이 가능한가를 배워, 매일매일의 업무 중에서 활용하기 위한 철칙을 사례를 중심으로 상세하게 살펴본다.

7. 로직 트리

7-1 원인규명의 로직 트리

【원인규명의 로직 트리란?】

로직 트리란 MECE의 사고방식을 사용해서 상위개념을 하위개념에 나뭇가지 모양으로 논리적으로 분해하는 것이다. 로직 트리에는 ①문제의 원인을 규명한다 ②문제의 해결책(및 그 대체안)을 생각한다 등 두 가지 활용법이 있다. 여기서는 ①의 원인규명의 로직 트리를 살펴보자. 로직 트리를 사용해서 문제를 해결할 때는 본질적인 원인을 찾을 수가 있다.

[예] 원인을 깊이 찾아보지 않고 반사적으로 답을 내어, 문제를 해결하기 어려운 예

 문제점 '부하의 사기가 떨어져 있다'

 원 인 '   ?

 해결책 '저녁에 회식을 하자'

정확한 해결책을 이끌어내기 위해서는 부하의 사기가 떨어져 있는 원인을 규명해야 한다. 그 원인은 자신의 업무 평가에 대한 불만일 수도 있고, 직장의 인간관계에 대

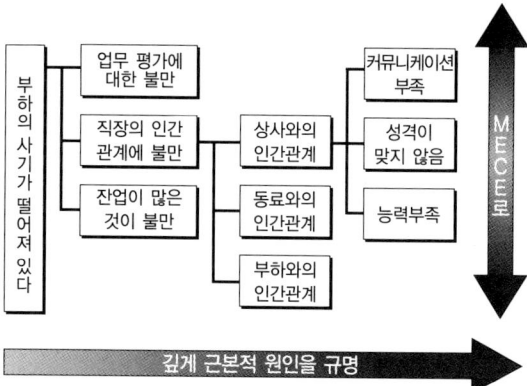

한 불만, 그렇지 않으면 잔업이 많은 것이 불만일 수도 있다. 직장의 인간관계가 불만이라면 누구와, 왜 등 보다 자세하게 규명해서 본질적인 원인을 밝혀내야 한다.

그리고 또 한 가지 중요한 것은 MECE로 생각하는 것이다. 로직 트리에는 계속해서 원인을 깊게 파고드는 '종의 관계'와, 트리의 각 계층의 넓이를 말하는 '횡의 관계'가 있다. 이 '횡의 관계'에서 누락, 중복, 착오가 없도록, 즉 MECE가 되도록 넓이를 생각해야 한다.

사례 ⑰ 원인규명의 로직 트리 사례

로직 트리는 전술한 대로 원인을 찾아 규명해 가는 '종의 관계' 와 그 구체적 항목에 누락, 중복, 착오가 없게 하는 '횡의 관계'를 의식하여 논리적으로 원인을 규명하는데 큰 도움이 된다.

[예] 이익 저하로 고민하는 제조업체 A사의 문제의 원인을 규명한다

이익 저하의 원인 규명으로 '지금은 불경기라 당연' 이라고 반사적으로 답을 내는 것은 크리티컬 싱킹에서는 규칙 위반이다. 그러면 순서를 따라서 이익저하의 원인을 분해하고 규명하자. 우선, 이익은 매출과 비용으로 분해된다 ('이익'도 '경상이익', '영업이익' 등으로 분해할 수 있지만 여기서는 단순화). 우선 회사의 데이터를 조사해 보았더니 비용의 증가는 확인되지 않고 매출의 저하가 현저하게 나타났다. 그렇다면 다음은 매출저하를 다시 '왜?'로 분해한다. 상품가격의 저하때문인가, 매출수량의 감소때문인가 조사한다. 후자라면 다음은 점유율의 저하인가?, 시장의 축소인가? 등 점차 깊이 파고들어야 한다. 그것을 반복하면서 원인이 점차 구체적으로 드러나게 된다. 또한 원인을 규명해 나가는 때에는 각 수준은 MECE에 주의해서 분해해야 한

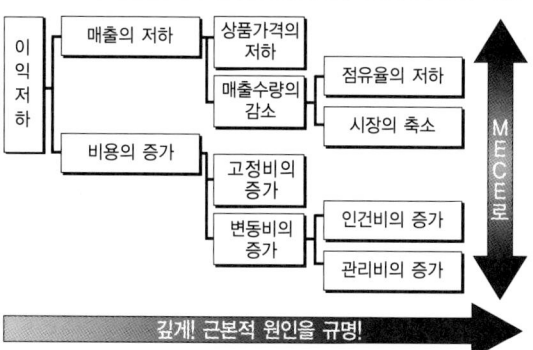

다. '한계에 이르렀다'고 말할 수 있을 때까지 원인을 규명하면 이를 실행하기 전까지의 생각과는 비교할 수 없을 정도로 구체적이고 설득력있는 것이 될 것이다. 이 과정에서 발견한 문제의 원인에 대해서 다음에는 해결책을 찾아야 한다. 다음 항에서 이것을 설명한다.

7-2 문제해결의 로직 트리

【문제해결의 로직 트리란?】

로직 트리의 또 한가지 활용법으로서 해결책을 생각하는 것이 있다. 로직 트리를 사용해서 문제의 해결책을 도출하기 위해서는 "SO HOW?"(그래서 어떻게 할 것인가?) 를 반복할 필요가 있다. 전항의 예에서는 '점유율의 저하'까지 원인을 규명해 보았다. 그러나 이처럼 아무리 깊게 원인을 규명해도 '점유율을 증가시키자'라는 해결책이라면 단순히 문제를 뒤집는 것이 되어버린다. 과제에 대해서 어떤 해결책을 냈다면 그 해결책에 대해서 '그래서 어떻게 할 것인가?'를 자문해 보고 더욱 구체적인 해결책을 찾는다.

[예] 식품 슈퍼마켓 Z사의 예

과제 'A점포의 매출을 신장시키고 싶다'

해결책 '소비자 니즈를 찾아 그것에 적합한 마케팅 믹스를 전개한다'

위의 예와 같은 해결책은 일견 제법 그럴듯하게 들리지만 전혀 의미가 없다. 우선 소비자는 누구이고 그 소비자의 니즈는 무엇인가, 그리고 그 소비자가 원하는 상품은

문제해결의 로직 트리

원인규명과 함께 「해결책」을

| 예 | 이익저하의 원인 = 점유율의 저하라고 판명 |

❌ 점유율을 올린다

◎ 어떻게 점유율을 올릴 것인가

무엇인가를 명확히 하지 않으면 않된다. 그것을 살펴본 후에 'SO HOW?(그래서 어떻게 할까)'를 반복한다. 품목, 상품의 가격, 상품 유통, 프로모션은 어떻게 할까를 구체화해서 진행해야 한다. 더욱이 품목이라면 구매업자의 선별, 상품의 색·크기, 그 상품을 어디에 진열할 것인가 등 계속 파고들어서 구체적인 해결책에 이르도록 해야 할 것이다.

사례 ⑱ 문제해결의 로직 트리 사례

[예] 제조업자 A사의 점유율 회복의 해결책을 생각해 본다

 전술한 이익율 저하로 고민하는 제조업체 A사의 예에서는 A사의 이익저하의 원인은 매출수량의 감소를 발생시킨 점유율의 저하였다고 하는 수준까지 규명되었다. 점유율의 저하는 A사의 라이벌인 업계1위 B사의 점유율 확대 때문이라고 가정해 보자. 이때 A사로서는 B사에게 빼앗긴 점유율을 회복하고 '매출수량의 회복→이익의 회복'을 목표로 하게 된다. 이를 위해서는 어떤 해결책을 취하면 좋은가 생각해 보자. 우선 점유율을 회복하는 수단으로서 "SO HOW?"를 반복하여 다음의 세 가지 해결책이 떠올랐다.

 ①새로운 분야에 진출해서 직접 대결을 피한다
 ②당당하게 같은 분야에서 직접 대결한다
 ③약한 상대에게서 빼앗아온다.

 이런 세 가지 중에서 어떤 해결책이 적당한가를 판단하기 위해 자사와 B사를 비교하고 분석해야 하지만 여기서는 두 번째의 해결책을 "SO HOW?"로 더 살펴보자. 제품으로 차별화할까 아니면 낮은 가격으로 승부할까, 펩시콜

문제해결의 로직 트리 사례

예 제조업자 A사의 점유율 회복을 위한 해결책

원인 경쟁 B사가 A사의 점유율을 빼앗아 감

해결책

❶ 새로운 분야에 진출해서 직접 대결을 피한다

❷ 당당하게 같은 분야에서 직접 대결한다

❸ 약한 상대에게서 빼앗아 온다.

→ 결 정

SO HOW (따라서 어떻게 할까?)

저가격으로 승부?

CM공세? 등

라처럼 공격적인 CM을 실행할까 등 해결책을 구체화해 나간다. 여기서 한 가지 중요한 것은 실제 비즈니스 현장에서는 그 구체적인 해결책을 행동으로 옮기지 않으면 아무 의미가 없다는 것이다. '실현가능'한 명제를 자신의 머리에서 논리적으로 구성하면서 구체적인 해결책을 생각하는 것이 효과적이다.

8. 피라미드 구조

8-1 피라미드 구조란?

 문서로 메시지를 전달하는 경우, 상대방이 이해하기 쉬운 문장을 쓰도록 연구해야 한다. 우선 중요한 것은 읽는 사람은 정보에 대해서 한번에 하나씩 밖에 입력할 수 없다는 것이다. 그래서 그 정보가 만일 계속해서 제공되는 경우, 읽는 사람은 주어지는 정보를 자기 나름대로 관련시켜서 내용을 이해하게 된다. 그러나 그 작업은 힘든 작업으로 한 번 읽어서 의미가 이해되지 않는 문장은 가령 내용적으로 훌륭한 것이 쓰여 있다고 하더라도 읽지 않게 된다.
 그러면 어떻게 하면 이해하기 쉬운 문장을 쓸 수 있을까?
 그것은 읽는 사람이 알기 쉽게 이해할 수 있도록 전하는 사람이 논리적으로 안내하고 설명해 주어야 한다. 생각을 논리적으로 전개하고 그 생각하는 순서를 만들어서 그대로 유도하는 것이 필요하다. 이해하기 쉬운 순서란 위에서부터 아래로 생각을 배열하는 방법이다. 이처럼 읽는 사람이 이해하기 쉽게 논리적인 순서에 따라 안내해 주는 문장

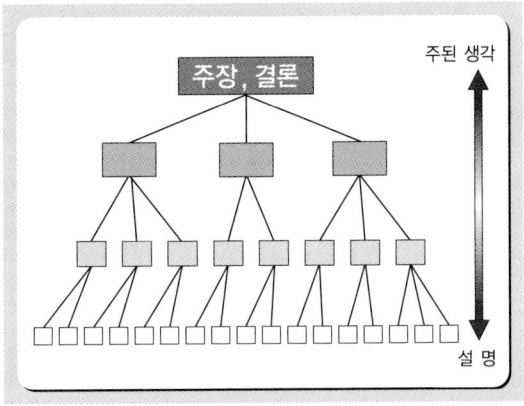

은 그림과 같은 피라미드 구조로 이루어져 있다(바바라 민토 저, 《논리의 기술》).

읽는 사람에게 가장 읽기 쉬운 문서란 우선 주가 되는 커다란 생각(주장)을 받아들이고 그 뒤에 커다란 생각을 지지하는 작은 생각을 받아들이는 병렬방식으로, 이것이 피라미드 구조이다. 정점을 문서의 주장으로 한다면 두 번째 수준은 장, 그 다음은 절, 그 다음은 단락, 그 다음은 문장 등과 같은 방식이 된다.

8-2 문장의 비교
〈피라미드 구조의 문장과 그렇지 않은 문장〉

【읽는 사람이 이해하기 쉬운 문장은 어느쪽?】

 두 가지 예는 동일한 주제에 관한 보고서이다. 어느 쪽이 읽는 사람이 이해하기 쉬울까? 단순하게 근거를 나열한 '보고서1'보다는 피라미드 구조를 반영하고 있는 '보고서2'쪽이 이해하기 쉬울 것이다. 우선 가장 먼저 말하고 싶은 것('구입해야 한다')을 서술하고 그 근거를 세 가지의 커다란 요점으로 구별(그룹화)하고, 작은 요점으로 그것을 지지하는 구조이다. 읽는 사람이 이 의견에 찬성하는가는 별도로 하더라도 이해시킬 수 있는 것이다. 이에 비하여 보고서1은 최후의 결론에 어렵게 도착할 때까지 읽는 사람이 피곤해지고 왜 그런 결론이 나왔는가 파악하기 곤란해진다.

문장의 비교

피라미드 구조로 되어있는 문장과 그렇지 않는 문장

> 예 A사의 프랜차이즈권 구입 여부에 대한 보고서

❌ 단순하게 사실, 근거를 열거

◎ 가장 먼저 말하고 싶은 것(구입해야 한다)을 기술하고, 그 근거를 세 가지로 그룹화, 작은 요점으로 지지

[A사의 프랜차이즈권 구입 여부에 대하여] 보고서1

A사 프랜차이즈권 구입 여부에 대한 검토결과를 보고합니다.

A사는 ①시장점유율이 높다 ②본래 저비용 구조이다
　　　③관리프로세스가 단순하여 합병도 용이하게 가능
　　　④시장에 강력한 경쟁자가 없다
　　　⑤매출이 성장도상에 있다
　　　⑥별개의 사업이고 합병도 가능하다
　　　⑦이익이 확대기조에 있다
이상을 고려하면 동 권리는 빨리 구입해야 합니다.

[A사의 프랜차이즈권 구입 여부에 대하여] 보고서2

A사 프랜차이즈권 구입 여부에 대한 검토결과를 보고합니다.
동 권리 구입에 따라 당사가 얻을 수 있는 전략적인 장점은
아주 크기 때문에 빨리 구입을 결정해야 합니다.

① 업계 평균보다 높은 성장이 예상 – 높은 시장점유율(15%이상)
　● 강력한 경쟁자가 없다
② 재무적으로 긍정적인 영향을 미칠 수 있다 – 저비용 구조
　● 매출액이 성장도상에 있다
　● 이익은 확대기조에 있다
③ 사업합병이 용이하다 – 관리프로세스가 단순
　● 별개의 사업으로 되어있다.

출처: 바바라 민토 《논리의 기술》

8-3 피라미드 구조의 세부 내용①
〈주요 포인트와 보조 포인트 간의 수직적 관계〉

【피라미드의 세 가지 기초 구조】

바바라 민토에 의하면 피라미드 구조에는 다음과 같은 세 가지 기본 구조가 있다.

①주요 포인트와 보조 포인트 간의 수직적 관계
②보조 포인트 간의 수평적 관계
③도입부의 스토리 전개

전술한대로 읽는 사람이 문장을 알기 쉽게 이해하도록 하려면 논리적으로 인도하고 설명해 줄 필요가 있다. 이것은 Q&A(질의응답) 형식으로 답변의 이유를 붙여나가는 방법이다. Q&A형식으로 독자를 논리적으로 유도해 보자.

예를 들어 당신이 Z식품 슈퍼마켓의 경영 컨설턴트라고 하자. 당신은 사장(듣는 사람)에게 '지역 내의 전단지 광고를 늘려야 한다'는 메시지를 전하고자 한다. 사장은 틀림없이 '왜?'라는 의문을 품는다. 그래서 당신은 피라미드를 한 단계 내려서 그 의문에 답이 되는 이유를 '경쟁 점포가 출현해서 A점포의 입지 환경이 변화했기 때문에'라고 전개한다. 그 답변을 들은 사장은 다시 의문을 품는다.

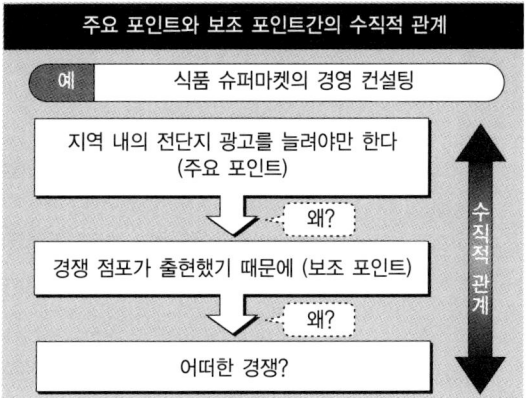

'어떤 경쟁 점포가 출현했는가?', '입지 환경이 어떻게 변화했는가?'. 거기서 당신은 질문에 답하기 위해 피라미드를 다시 한 단계 내려서 대답한다. 그래서 사장이 더 이상 의문을 품지 않을 때까지 질의 응답을 반복해 나간다. 이렇게 하면 독자가 알기 쉽게 메시지를 전달할 수가 있다.

8-4 피라미드 구조의 세부 내용 ② 〈보조 포인트간의 수평적 관계〉

독자에게 알기 쉽게 메시지를 전달할 때에는 수평적인 넓이를 고려해야 한다. 전술한 전단지 광고의 예로 설명하면 '지역 내의 전단지 광고를 늘여야 한다'라는 메시지의 주장에 대해서 듣는 사람(독자)이 '왜?'라는 의문이 생겼을 때, 우선 한 단계 하위의 피라미드로 내려가서 그 이유를 논리적으로 답변해야 한다. 논리적인 답변은 전술한 '연역적 논리전개 방법'이나 '귀납적 논리전개 방법'을 사용하여 논리적으로 답변할 수 있다.

여기서는 전술한 예에서 보조 포인트 간의 수평적인 관계를 연역적 논리전개 방법으로 전개해 본다.

[연역법] 사실 '매출총이익률이 50%를 넘는 사업을 전개하고 있으면 반드시 경쟁기업이 출현한다'→관찰사항 '우리 사업은 매출총이익률이 50%를 넘고 있다'→결론 '우리 사업에는 경쟁기업이 출현하고 있다'

전술한 것처럼 연역법에서는 우선 세상에 실재하는 사실/전제(규칙)를 서술하고 다음에 그 사실과 연관된 사항(관찰사실)을 기술한다. 그리고 앞서의 두 가지 정보가 의미

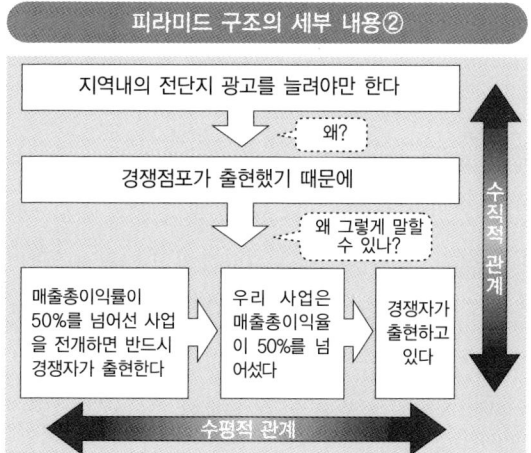

하는 것을 해석하고 기술(결론) 하는 순서로 논리가 전개된다. 즉, 관찰사항을 규칙과 비교해보고 관찰사항으로부터 규칙을 평가하여 '그러므로' 라는 말로 결론을 이끌어낸다.

8-5 피라미드 구조의 세부 내용③ 〈도입부의 스토리 전개〉

문장의 도입부는 아주 중요한 의미를 가진다. 우선 독자를 강하게 끌어들여야 한다. 이 부분이 잘되지 않으면 비록 내용의 논리전개가 아주 치밀하게 만들어져 있더라도 처음부터 독자를 끌어들일 수 없다. 바쁜 비즈니스맨이라면 읽어주지 않을지도 모른다.

그러면 어떻게 하면 좋을까? 중요한 것은 우선 독자에게 의문을 품게 하는 것이다. 바바라 민토는 의문의 유발은 '상황' → '복잡화' → '의문' → '답변' 이라는 고전적인 스토리 전개에 있다고 말하고 있다.

① 상황: 우선 독자가 이미 알고 있는 내용이나 주지의 사실을 서술한다. 거기서 독자에게 주제에 대해서 인지시킨다 (예: 신규사업을 시작했다).
② 복잡화: '상황'에서는 독자가 '이런 것은 이미 알고 있다'고 생각할 것이다. 그때 이미 알고 있는 상황에 변화를 일으킨다. 이것이 복잡화이다. 그것은 구체적으로 말하면 논리적인 모순이 발생한다, 문제가 발생

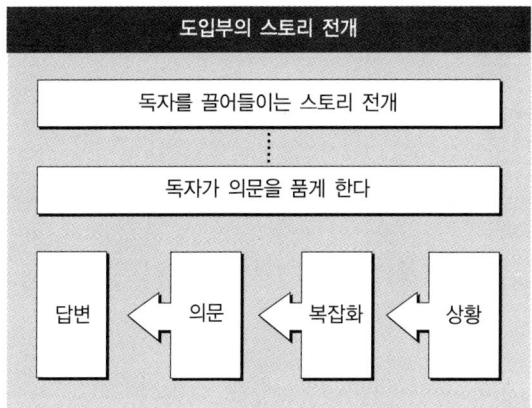

한다 등이다 (예: 신규사업은 문제가 된다).

③ 의문 : 복잡화에 의해 독자는 의문을 갖게 된다. 그래서 다음의 문장에는 이러한 의문의 답이 쓰여있다는 것을 이해시켜서 계속 진행시킨다 (예: 어떻게 하면 좋을까?).

④ 답변 : 다음에는 Q&A 형식에 따라서 수직적 관계와 수평적 관계를 사용하여 의문에 답을 해 나간다.

8-6 피라미드 구조를 만드는 방법

 그러면 실제로 피라미드 구조를 만드는 방법에 대해 설명한다. 만드는 방법에는 두 가지가 있다. 위에서 아래로 만들어 가는 방법과 아래서 위로 만들어 가는 방법 두 가지이다.

 ① 위에서 아래로 내려가는 접근법(Top-Down)

 자신이 가장 말하고 싶은 것이 확실한 경우에 사용하면 효과적이다. 우선 주된 생각을 기술하고 그 후에 피라미드 구조의 하위 단계인 개별 생각들을 하나하나 설명해 가는 방법이다. Q&A형식에 따라 위에서 아래로 피라미드를 만들어간다. 작성에 적합하도록 전술한 피라미드의 세 가지 기본 구조(주요 포인트와 보조 포인트 간의 수직적 관계, 보조 포인트 간의 수평적 관계, 도입부의 스토리 전개)를 고려하면서 작성한다.

 ② 아래서 위로 올라가는 접근법(Bottom-Up)

 지금 당장은 자신도 말하고자 하는 바를 알고 있지 못하는 경우에 사용한다. 우선 자신이 말하고 싶은 포인트를 모두 적는다. 그리고 포인트들 사이에 어떤 관계가 있는지 파악한다. 그리고 이를 통해 결론을 도출한다.

 다만, 마지막에 문장을 만들 때에는 결론부터 쓰기 시작

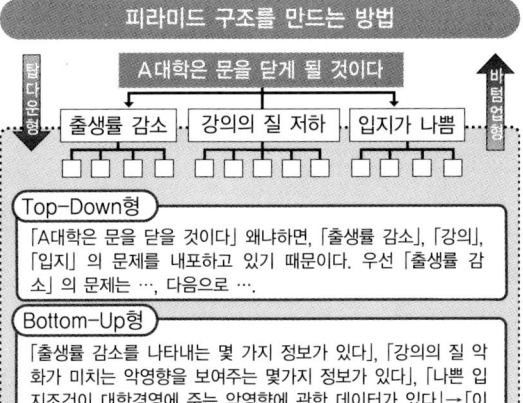

하는 것을 잊어서는 않된다. 철저하게 피라미드 구조를 만든 후에 바텀업으로 생각해서 결론을 도출한다. 결론이 나오고 실제의 결과물(문장)을 작성할 때에는 Q&A형식에 따라 위에서 아래로 내려가는 방법으로 전개해 나간다.

■참고문헌

- J. C. 아베글렌(Abegglen), BCG 공저, 〈포트폴리오 전략〉, 프레지던트사, 1977년
- M. E. 포터(Porter) 저, 〈경쟁우위의 전략〉, 다이아몬드사, 1985년
- M. E. 포터(Porter) 저, 〈경쟁의 전략〉, 다이아몬드사, 1995년
- M. E. 포터(Porter) 저, 〈경쟁전략론 1, 2〉, 다이아몬드사, 1999년
- E. M. 라지엘(Rasiel) 저, 〈맥킨지식 세계최강의 업무술〉, 에이지출판, 2001년
- E. M. 라지엘(Rasiel), P. N. 후리가(Friga) 공저, 〈맥킨지식 세계최강의 문제해결 테크닉〉, 에이지 출판, 2002년
- 글로비스 매니지먼트 인스티튜트 저, 〈MBA 크리티컬 싱킹〉, 다이아몬드사, 2001년
- 글로비스 매니지먼트 인스티튜트 저, 〈MBA 매니지먼트북〉, 다이아몬드사, 2002년
- B. 앤더슨(Anderson), R. 존슨(Johnson) 공저, 〈시스템 싱킹〉, 일본능률협회 매니지먼트 센터, 2001년
- B. 민토 저, 글로비스 매니지먼트 인스티튜트 감역, 야마자키 코지 역, 〈논리의 기술〉, 다이아몬드사, 1999년
- P. 코틀러 저, 〈마케팅 매니지먼트 (제7판)〉, 프레지던트사, 1996년
- 사이토 요시노리 저, 〈문제해결 프로페셔널 '사고와 기술'〉, 다이아몬드사, 1997년
- 사이토 요시노리 저, 〈문제해결 프로페셔널 '구상력과 분석력'〉, 다이아몬드사, 2001년
- 사이토 요시노리 저, 〈전략 시나리오 '사고와 기술'〉, 동양경제신보사, 1998년
- 데루야 하나코, 오카다 게이코 공저, 〈로지컬 싱킹〉, 동양경제신보사, 2001년
- 노구치 요시아키 편, HR 인스티튜트 저, 〈로지컬 싱킹의 노하우,도하우〉, PHP연구소, 2001년

- 야나기타 쿠니오 저, 〈국가의 실패의 본질〉, 강담사, 1998년
- 도오베 파코 저, 〈논리력을 단련하는 트레이닝북〉, 강끼출판, 2001년
- Robert S. Kaplan, David P. Norton, <Using The Balanced Scorecard as a Strategic Management System>, Harvard Business Review, 1996

통근대학 MBA3 크리티컬 싱킹

지은이 | 글로벌 태스크포스(주)
옮긴이 | 김수광

펴낸이 | 우지형
기　획 | 곽동언
디자인 | 이수디자인
펴낸날 | 2005년 5월 27일(초판1쇄)
펴낸곳 | 나무한그루
등록번호 | 제 313-2004-000156호

주소 | 서울시 마포구 서교동 475-42 오월애빌딩 3층
전화 | (02)333-9028
팩스 | (02)333-9038
이메일 | namuhanguru@empal.com

ISBN 89-955450-9-7 10320
ISBN 89-955450-6-2 (세트)
값 | 7,500원

*잘못 만들어진 책은 구입하신 서점에서 교환해 드립니다.